学习力跃迁

像AI一样迭代自己

田俊国 ◎ 著

机械工业出版社

CHINA MACHINE PRESS

　　本书系统讲述了人工智能背景下自然人学习方式的转变与应对之策，从人工智能对传统学习方式的挑战入手，逐章深入剖析了学习的本质、学习力的提升方法以及与"书、人、事、众、己"对话的重要性。作者提出了 ACCP 循环模型，强调了社会化学习的重要性，并探讨了加速学习的五大因子。书中还详细阐述了将觉知和经验转化为习惯与智慧的方法，并强调了对话的作用，即与"书、人、事、众、己"的对话。通过系统的讲解和实用的方法，本书旨在指导读者在人工智能时代更有效地学习与成长，提升个人学习力，以适应当今复杂多变的社会环境。

图书在版编目（CIP）数据

学习力跃迁：像AI一样迭代自己/田俊国著. —北京：机械工业出版社，2024.6（2024.11重印）

ISBN 978-7-111-75726-9

Ⅰ. ①学… Ⅱ. ①田… Ⅲ. ①学习能力 Ⅳ. ①G442

中国国家版本馆 CIP 数据核字（2024）第 087947 号

机械工业出版社（北京市百万庄大街22号　邮政编码100037）
策划编辑：张潇杰　　　　　　　责任编辑：张潇杰
责任校对：贾海霞　宋　安　　　责任印制：张　博
北京联兴盛业印刷股份有限公司印刷
2024年11月第1版第4次印刷
165mm×225mm · 16.5印张 · 1插页 · 178千字
标准书号：ISBN 978-7-111-75726-9
定价：68.00 元

电话服务　　　　　　　　　　网络服务
客服电话：010-88361066　　机　工　官　网：www.cmpbook.com
　　　　　010-88379833　　机　工　官　博：weibo.com/cmp1952
　　　　　010-68326294　　金　书　网：www.golden-book.com
封底无防伪标均为盗版　　机工教育服务网：www.cmpedu.com

永远走在迭代自己的路上

在一次大型论坛上，一众嘉宾在台上畅谈 AI 时代的学习。有人分享如何用 AI 助力教学，有人分享如何让 AI 辅助写文案，还有人分享如何教 AI 学习……AI 在很多领域给人带来了惊喜的同时，也带来了不小的挑战。我却提出另一个命题：自然人如何像 AI 那样迭代自己，让自己快速学习？

早在 2021 年我就做过一轮"深度学习"的主题阅读，啃了几十本有关 AI 学习和迭代的书。把握了 AI 学习的基本原理后，我最大的感慨是，自然人最应该向 AI 学习的是其学习方法。后来，我就结合自己对脑科学、教育学、心理学的理解，开发了一个名为"学习力跃迁"的线上训练营，吸引了一批长期追随我的学员。没想到大家深受启发，甚至有学员日均打卡超过 3000 字，18 天的训练营结束后，他们居然写了 5 万多字的学习笔记。学员们的学习热情让我深受感动和鼓舞，我决定把"学习力跃迁"训练营的文字稿整理出版。同事原继东老师帮我把训练营的内容整理成 9 万字的初稿，我增删多遍，最终成书。原继东为本书的出版做了很大贡献！

本书分上下两部分。上半部分讲理论，主要论述我提出的 ACCP 学习模型，指出学习是一个由吸收（Absorb）、建构（Construct）、创造（Create），以及表现（Perform）四个环节构成的有机协作的闭环，ACCP 循环的速度和力度是检验学习力的重要指标。看似简单的 ACCP 循环背后，是大脑机能模块的充分调用，每个模块又包含意识部分和潜意识部分。不同个体的大脑各机能模块运作方式不同，各模块协作的方式也不同，在不同运作方式和协作方式下积累的经验，其差异也很大。大脑各模块的运作方式和协作方式好比 AI 的算法，在不同运作方式和协作方式下积累的经验好比 AI 的数据。而学习的本质不过是不断地进行算法升级和数据重构，即不断地用新算法审视过去的经验数据，经验数据积累够了，又依托经验数据挖掘底层规律，升级自己的算法。这就形成一个算法升级和数据重构相互促进的良性循环。如何加速 ACCP 循环的过程才是学习力跃迁的关键。

下半部分主要讲应用，分别论述了借助与书、与人、与事、与众和与己对话进行学习的方式，可以理解为 ACCP 模式在不同场景下的具体应用。对个体而言，学习的目的是算法升级和数据重构，学习的手段却是对话。ACCP 模型其实是一个对话模型，其中 A 和 P 是个体间对话，而两个 C 是个体内对话。学习就是主动"淘换"自己的行为，目的是让自己更加适应社会，不断提高生命能量的运用效能，创造更多的价值，活出属于自己的幸福与成功，活出生命允许的最大可能。与书对话、与人对话、与事对话、与众对话不过是信息输入的源头和方式不同，目的都是启动内部对话，让 ACCP 循环起来。学习的最终实现还得靠学习者与自己对话，所以本书以与己对话收尾。

　　这本书其实是以我自己的学习模式为原型的，揭示了多年来我自己学习力跃迁的经验，并用 ACCP 模型将个人经验结构化。知识是结构化的经验，唯有结构化才方便在个体间传播。我认为自己最核心的能力就是学习力，2017 年创业以来，我每年都能保持很高的效能，迄今为止已经出版的著作有 14 本，未出版的文字也有上百万字。不用 PPT，用一根白板笔就能讲 70 多天不重样的课。甚至我的课不都是因为自己非常擅长某一领域而做经验分享，有时候是因为自己特别想提高，就买来一大摞书做主题阅读，把书上的内容消化成自己的见解，再架构成课程，用授课的方式与学生分享。我的授课都在对话中进行，在与学生的互动中收集大量真实案例，再利用所学知识帮学生解决真实难题，在这个过程中我实现了从知到行的转化。遇到难以解释的现象和难以解决的问题，我便会回过头来在书中找答案。于是就形成了用上课的方式消化书，又用现实问题驱动自己再读书的知行互促的良性循环。多年来我坚持每年读上百本书，上百十天课，在课上消化读过的书，又把讲了很多遍的课写成书。其背后的机理就是加速 ACCP 循环。

　　AI 时代，无论组织还是个体，都要靠持续的学习力才能生存。如何像 AI 一样迭代自己，是组织和个体都不得不面对的问题，而这个问题显然还没有让人满意的解决方案。有价值的问题远比答案重要，如何像 AI 一样迭代自己，是一个值得持续探索的命题，本书只是抛砖引玉，但愿能引出更多高智慧的解决方案。说到底，本书想分享给读者的最重要的心法是，时刻处在学习态，恰到好处地走出舒适区，合理开发和运用大脑的高级机能。学习的本质是高级机能的长期定投，只有不断地、有意识地用高级机能去提升五大网络中低版本的模式，才能成为高效能的人。倘若一个人每天都能把大脑的高级机能转换成心智模式和反应模式的升级，多年积累下来必能活出生命允许的最大可能。即便比不上 AI 的迭代速度，也绝不会因虚度年华而悔恨，因碌碌无为而羞愧。

终身学习者永远走在迭代自己的路上，与时俱进，永不油腻。

田俊国

目　录

理论篇

人和人的差别主要是学习力的差别，而这个差别在人工智能时代还有扩大的趋势。人工智能对人类最大的威胁是其快速迭代能力，而多数自然人迭代得很慢甚至根本就不迭代。如何借鉴人工智能的学习方式大幅提升自然人的学习能力？这就要探究学习的真相。本部分内容通过探究大脑处理信息的过程，提出了符合认知规律的 ACCP 学习模型，指出 ACCP 循环的速度和力度是学习力的重要标志，并论述了 ACCP 加速循环的策略、学习在对话中进行的本质，以及打通理论和实践两大环节的核心策略。普通人只要走在持续迭代自己的路上，假以时日，人人都有机会成为集学者与工匠于一身的真正意义上的专家。

第1章

人工智能引发的人类学习危机

进入21世纪，人工智能技术取得了长足的发展。人工智能带给人类巨大便利的同时，也带来了一些不安。很多人担心自己的工作会被人工智能替代。我一开始觉得这完全是杞人忧天，但深入研究了新一代人工智能的工作原理和学习模式后，也加入到担忧者的行列。人工智能对人类的学习、生活会带来哪些挑战？从智能手机的推荐算法中就可略见一斑：手机中的购物软件会根据你的年龄、性别、收入水平、消费习惯等有针对性地、精准地推荐商品，视频平台更是会根据你的喜好推送视频片段，以至于你动辄沉浸其中几小时难以自拔……很多人惊叹："我的手机比我还了解我自己。"更可怕的是，人工智能有着惊人的学习速度。比如，仅仅用了几年的时间，智能语音客服的声音就从听起来很假、很生硬迭代到听起来很自然、很生动，甚至与自然人的声音难以分辨的程度。人工智能的应用场景也扩展到令人匪夷所思的程度。比如，《机智过人》节目曾展示由人工智能指挥"机械臂"写出唐诗的过程！

ChatGPT已经通过了"图灵测试"，其语言界面的强大让人震惊。丹尼尔·丹尼特是著名的哲学家。美国加州大学的几个研究者基于GPT-3做了一个丹尼特哲学聊天机器人,并把丹尼特的书、文章、公开的对话等都输入给它,让它全面掌握了丹尼特的思想。随后让这个聊天机器人扮演丹尼特,和丹尼特一起,同时回答那些非常熟悉丹尼特的受试者所提出的问题,最后再让这些受试者判断谁是真正的丹尼特。结果是,受试者根本分不清聊天机器人和真丹尼特,甚至有的问题聊天机器人的回答被认为比真丹尼特还像丹尼特。

因此,人类开始担心:未来,人类的生存会不会受到人工智能的威胁?智能人会不会取代自然人?"硅基生命"会不会取代"碳基生命"?随着对人工智能的学习方式的深入了解,我有一个很大的担忧,那就是比起人工智能,自然人的学习方式太落后了,需要进行革命性的突破。同时,我也有一个令人兴奋的发现:人类完全可以借鉴人工智能的学习模式,让学习力获得跃迁。

人工智能学习方式带来的威胁

20世纪90年代以来,人类对脑科学的研究有了长足发展。我们可以方便地借助现代仪器,对大脑工作过程中的脑区激活状态以及变化情况洞若观火。新一代的人工智能完全模仿人类大脑的工作机理。然而,换一个视角看,脑科学的最新研究成果更多地用在机器人的研究上,极少用在自然人的学习上。自然人的学习模式依然是陈旧的模式,今天的课堂教学和 70 年代并没有什么两样。

我认为，研究人工智能的工作模式可以反哺自然人的学习。那么，我们的首要任务就是弄清人工智能的工作方式。我们通常会说："这是一个人工智能，这是一个智能机器人。"而实际上人工智能并非个体，它本质上是一个大型的分布式协同工作的计算机网络。人工智能实际上是多机协同实现某种功能的网络系统，人工智能之间的协作实际上是跨网络的协同运作。

人工智能可以用它的眼睛看见你，并用它的嘴巴恰到好处地回应你。从看见到回应，其背后的运作方式是什么样的呢？人工智能的眼睛就是一个有独立处理能力的计算机，它用摄像头采样，然后用其独特的算法解释获得的画面，并把所得出的结论送给中央控制系统。中央控制系统再安排反应系统进行回应，而反应系统由很多种计算机构成，说话靠语音计算机完成，肢体语言则靠行动计算机完成。人工智能的眼、耳、舌、鼻、身、意其实都是既能独立完成某种任务，又能协同作战的计算机。每台计算机都有其独特的处理算法，也有其庞大的数据库，而且能够不断地迭代。算法可以简单地理解为从刺激到反应中间大脑的工作过程，数据可以简单地理解为大脑对每次刺激—反应过程的记忆。人工智能的每次工作都依据既定的算法，每次工作都同时丰富其数据库，当数据积累多了就会根据其有效性升级迭代算法，算法升级后又反过来重新审视以往的数据。与自然人相比，人工智能的学习力强，就体现在其算法不断地升级进化，以及数据持续地积累重构上。它的算法升级和数据重构两个过程快速、持续地进行，且不断循环提升。

比如，人工智能能够识别出猫。它是怎样做到的呢？最早是因为其数据库中存储了数百万张形态各异的猫的照片，它看到猫并识别出来的过程无非是将看到的猫进行拍照，然后将照片与其数据库里存储的数百万张照片进行模糊匹配。模糊匹配的过程当然需要算法，这个算法就是把拍来的猫的照片与数据库中的图片进行匹配的策略。匹配成功就识别出猫，否则就识别失败。当然也可能会有把猫识别成非猫的失败，或者把非猫误识别为猫的失败。人工智能会根据大量成功或失败的结果，进一步迭代自己的识别算法，比如做角度的矫正、猫脸结构的优化等。这种持续矫正算法依靠的正是深度学习。现在公共安全领域的人脸识别技术已经相当精准，只要有一张犯罪分子的照片，就能够轻松把出现在公共场合中的犯罪嫌疑人很快识别出来。怎么做到的呢？其实也是人工智能通过照片分析出人脸的结构数据。人脸无非是若干三角形组成的特定结构，无论是正脸、侧脸，还是低头、抬头，虽然脸的形状各异，但其基本结构是不变的。人工智能的算法总能透过表现各异的形状定位到保持不变的基本结构。而人工智能的算法并不是凭空来的，恰是在大量经验数据的基础上不断深度学习进行算法迭代而来的。反过来，算法升级迭代了又会对经验数据进行重构，再带着新的算法工作，积累更多的数据，交替进行"积累数据迭代算法""算法升级重构数据"的无限学习循环。

人工智能的学习比自然人的学习有三大得天独厚的优势。

首先，永不疲倦地工作。人工智能可以承受高强度的工作，即使在恶劣的工作环境中，也可以"不知疲倦"地工作，在工作中积累数据、优化算法。可以做到24小时不休息地处理海量作业和积累经验数据。这种处理能力和学习速度是自然人完全无法企及的。

其次，工作即学习。人工智能的工作靠的是一套算法，在用算法作业的时候又能产生相应的经验数据。当积累了大量的经验数据之后，人工智能又能通过对大数据的挖掘，总结出更接近事物本质、更方便操作的新算法。就这样，用算法积累数据，又借助大数据分析升级算法，不断逼近事物的核心特征和深层结构，升级更便捷高效的操作程序，一直走在学习迭代的路上。人类的进化也不过是数万年很多代迭代的结果，而人工智能的学习和迭代速度是惊人的。

最后，数据和算法共享。人工智能更厉害的一点是个体经验的实时共享，它们用同一套算法工作，各自在不同情境下积累不同的数据，而这些数据又能实时共享。同一时刻，千百万个人工智能的个体在不同场景下运用同样的算法做同样的工作，积累不同的经验数据，而这些经验数据又成为共同的财富。数据的并行积累能加速算法的迭代，而算法的迭代又可以惠及每一个个体。人工智能的经验分享是自然发生的，个体的经验自然成为群体的经验，个体的智慧自然成为群体的智慧。

自然人的学习就相形见绌了。受生理条件限制，自然人做不到不知疲倦地工作，受学习能力限制，极少有人能做到在工作中学习，况且不同个体做事的算法很难统一，数据经验又很难共享。人类的算法升级靠的是个体经验的萃取，不仅样本有限，而且迭代升级又受个体大脑加工能力的限制，人类的学习迭代的速度可以说是像蜗牛一样。多数自然人的算法从不主动迭代，与人工智能日积月累、不知疲倦的数据积累和迭代速度简直不可同日而语。更关键的是，学习本身就有复利效应，今天的知识是今后学习的基础，学习力越强知识积累越多，知识积累越多学习力越强。只有极少数自然人能够吃上这种学习的复利效应的红利。

尤瓦尔·赫拉利在《未来简史》中提出了他的担忧，他认为未来的人将分化为三类：无用之人、凡人、神人，且大部分人将会沦为无用之人。是什么因素导致人的分化？我认为就是学习力。相对人工智能的快速学习，大部分自然人的学习能力则相形见绌，长期处于"油腻""躺平"状态的人不迭代算法，不重构数据，久而久之会沦为"无用之人"。只有少数像人工智能一样快速学习的人，其学习力远超社会平均水平，会进化成"神人"。学习力能够持续保持在社会平均水平以上的人，也许能保持住"凡人"的状态。赫拉利的论断并不是危言耸听。要是你不想在未来沦为无用之人，该怎么办？唯一的出路就是持续提升自己的学习力！**人和人的差距是认知的差距，而认知的差距归根结底是学习力的差距。**提升学习力并不是说要用原来的方式再加倍地努力，而是要借鉴人工智能的学习方式加速"算法升级"和"数据重构"的交叉迭代。唯有学习力的跃迁才能让我们持续领先于时代！

专家学习方式给我们的启发

如何避免沦为"无用之人"？如何确保成为"凡人"乃至"神人"？为了回答这个问题，除了把自然人的学习和人工智能的学习进行类比外，还有一项极具价值的工作，就是把普通人的学习和各个领域中站在"金字塔尖"的专家的学习进行类比。挖掘专家的学习之道，使常人能够像专家一样学习。

专家和常人的学习到底有哪些区别呢？科学家们曾经就此开展过各种研究，其中有一项实验，是请专业画家和新手给同一个模特画肖像画。然后用现代的科学设备监测专家和新手的大脑内的反应和行为上的反应的差异。最后得出了以下一些显著的不同。

第一，专家和新手的观察方式和反应方式不同。观察方式的不同就是指他们搜集信息的方式不同，反应方式不同就是指他们画画的动作不同。专业的画家会盯着模特观察良久，并不轻易动笔；而新手则是一开始就动手画。新手是看一眼模特就画一点，再看一眼再画一点，就像小鸡啄食一样一笔一画地描摹；而专家作画不轻易动笔，一旦动起笔来就能画出一大片。

第二，专家和新手的脑区激活方式不同。科学设备监测他们的脑区激活情况发现：作画过程中，新手的大脑前额叶被大面积激活，大脑前额叶是主管大脑意识活动的脑区，这表明新手主要是在用意识作画，大脑前额叶的工作记忆区激活水平尤其高。而专家的大脑在作画过程中星罗棋布地被激活了很多点，并不集中在某片区域，每个部分的激活程度也都不会过高。这就表明，作画时专家的大脑中多个脑区能够协同作战，反倒显得前额叶的工作记忆区的激活水平不高。所以，专家能够从容淡定、游刃有余地作画，而新手大多数时间处在紧张状态。

第三，专家和新手的思维过程和策略不同。研究者在采访专家和新手作画的思维和策略时听到了不同的描述。专家说："虽然我是第一次见到这个人，但我对他的眼睛、鼻子、耳朵等都不陌生，因为我画过无数类似的形状。"在专业的画家眼里，每个人的肖像无非是不同形状的五官的组合，同样的"部件"他以前都画过，作画过程不过是把各种他曾经画过的"部件"以搭积木式地重新组合，他只要额外留心把模特脸上最为独特的地方表现出来就行，其余部分都有现成的制式。新手完全不具备专家的数据库，脑子里并没有那么多现成的制式，所以也就组合不出来，面对任何一个模特的肖像，每个"部件"的形状对他来讲都是全新的。

第四，专家和新手的应变和纠错能力不同。新手和专家还有一个非常明显的区别：新手一旦画错了，就得推倒重来；而专家在作画过程中即便出现差错，也能够游刃有余地即兴发挥，不仅能掩盖差错，甚至还能借由错误激发自己创造出"神来之笔"。

进一步解析这些区别不难发现，专家与新手的大脑工作的系统性差异：一是感知方式不同，新手只能看到事物的表象，而专家却能带着专业知识和框架有意识地观察，能够看到表象背后的本质。老中医之所以能准确判断病人得了什么病，就是因为他带着专业的知识结构去观察和感知，而新手只能看到单双眼皮、嘴唇薄厚等表面特征。二是联想方式不同，新手没有足够的数据积累，看什么都是新鲜的，而专家能激活很多过往与之相关的经验和知识。经验知识的积累是新手到专家难以跨越的鸿沟。三是评估和决策模型不同，专家做评估或决策时，会激活其已有的、经过验证的模型。比如专业画家一看某人的脸型就清楚是"猪腰子脸"还是"鞋拔子脸"，继而激活他画该种脸型的套路。而新手既没有验证过的模型，也没有对应的套路。四是处置方式不同，专家的动作多是非常娴熟的自动化反应，甚至无须意识控制，寥寥数笔就能画出一大片，又好又快，很见功底。而新手则亦步亦趋，下笔小心翼翼，整个过程费神费力。五是学习能力不同，专家的学习能力很强，他能够时刻监测自己的表现，及时调整绘画策略，轻松应对突发事件，不仅纠错能力很强，事后还能复盘升级自己的算法。

如果把专家与新手的五大不同和人工智能的反应系统再类比，就可以挖掘出自然人工作、学习过程中有序协作的五大网络：**感知网络**，即有目的地从外界获取信息的网络；**联想网络**，即将外界获取的新的信息与旧知、经验相关联的网络；**决策网络**，即负责思维加工，运用思维模型评估不同策略的优劣，最终做出决策的网络；**反应网络**，即根据决策调取和组合自动化程序做出行为反应的网络；**学习网络**，即负责制订策略、监测情况、随机权变、事后反思、总结升华，以及统筹和协调其他四大网络有机协作的网络。

为方便理解，再以中医为例说明专家的五大网络。首先，老中医感知病人的方式与常人不同，不像常人看人只看眼睛大不大、鼻梁高不高这些表面特征，而是慧眼独具地感知病人，比如中医里的"藏象学"，透过其表，推知其里，透过外在，感知内在。

其次，老中医有独特的联想网络。收集病人的外表信息后，老中医脑内能展开深层次的联想。尽管世界是普遍联系的，但常人只能看到事物之间的浅层次联系，而专家能看到深层次、更本质的联系。老中医的脑海里不仅装着很多经典的治病良方，还装满了很多成功的医案。普通的病用经典的、现成的药方或处置方案，复杂的病则要在记忆中提取曾经治疗过的类似病例。在没有现成算法的时候，激活大量相关的经验数据，算法就会涌现出来。

第三，老中医有独到的决策网络，把望、闻、问、切所收集的线索纳入到中医理论体系中进行解释，对所感知的情况做出属于自己的解释之后，老中医会运用自己独特的决策框架提出解决方案。至于什么病用什么药？什么药治什么病？中医又有取象比类的说法。古人效法天地，因天之序，因地制宜，用取象比类方式推测各种材料的功能，再在实践中验证，中医就是这样发展起来的。

第四，老中医还有独到的反应网络。除了吃药之外，中医还有很多娴熟的手法，比如针灸、推拿、刮痧等。复旦教授王德峰曾经向老中医学习把脉。老中医给了他一本《中医诊断学》让他自己学，不懂的地方随时问。他苦学一阵子后，感觉把书上的知识都学会了，就尝试给他姐姐把脉。结果根本判断不出来他姐姐的脉象。老中医和王德峰说："你在书上学的全是概念，看书是学不会把脉的。你以后跟着我学，每次我把完脉，开完药，你也上去把一下，然后抄抄我开的药方，自己去体会我开的方子和脉象的关系。"中医中的一些手法还没有升华为可复制的理论，手法的习得需要用师父带徒弟的方式手把手传授。

最后，老中医的学习网络能够根据实践不断反思复盘以发展自己的理论体系，进而发展其他四大网络的工作方式和协作方式。其他领域的专家也类似，他们总是在实践中持续迭代自己大脑中的四大网络的工作效能和协作方式。学习网络的责任是持续提升四大网络的工作方式和协作方式，是学习力的关键。学习能力不强的人很难突破自己，很难发展出更高效能的能力。

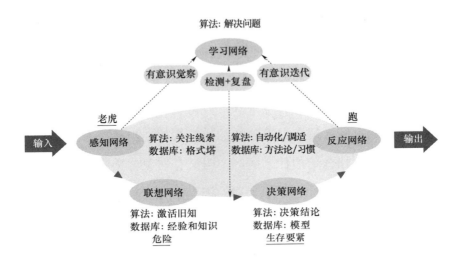

把自然人大脑的工作过程人为地划分为感知网络、联想网络、决策网络、反应网络、学习网络，目的是解构，让我们能够更清晰地觉察大脑的工作过程和工作模式。自然人的大脑被誉为迄今为止世界上存在的最复杂的机器，只有将复杂的整体简化为各个相对清晰的部分，才能针对性地探索各个部分，有步骤、有目的、有针对性地提高各部分的处理能力。解构也并非最终目的，解构是为了重构。**解构是分而治之，重构是统而合之**。将大脑的工作过程解构为五大网络之后再重构，升级各部分的协作关系，最终综合地提升整个大脑的处理能力。说到底，学习的根本目的就是提升大脑中五大网络的处理能力和协同效率。**最根本的学习力就是有意识地提升大脑中五大网络的算法和算力**。

俞敏洪在一次演讲中说："青春和年龄无关，和活力有关。"活力的本质就是学习力，就是不断迭代自己的能力。人就是爱学习的动物，大脑天生就是学习机器，是人身上唯一一个至死才停止发育的器官。类比人工智能的学习和探索专家的学习，就能够让更多的普通人运用大脑本身的工作原理来改造自己的学习，把学习升级为终身的、立体的、深度的学习，从而实现学习力的跃迁，避免沦为"无用之人"。

人与大猩猩的学习方式比较

孟子说过："人之所以异于禽兽者几希。"教育家维果茨基定义了人区别于动物的那"几希"的"高级机能"，随意注意、读心能力、反思能力、逻辑思维、语言文字、想象力、意志力等都是高级机能。可以把高级机能看作人类独有的脑力。受精力的限制，脑力对每个人而言都是稀缺资源。高效能的人能够每天都恰到好处地把脑力开发和利用好。脑力可以刻意发展新的能力，养成新习惯，修正低效能的思维模式和反应模式，克服人性中的劣根性，使自己的能量更好地为梦想服务。人活在世上，脑力就跟自来水一样，永不停息地哗哗地流。但我们不能让自来水白流，要利用它洗洗衣服、洗洗菜、浇浇花。当一个人每天在舒适区里油腻地混日子的时候，脑力就没有被充分地激活和运用，像自来水一样白白流走了。从开发脑力的角度看，衣食无忧的日子很容易让人待在舒适区中，而耽误了自己脑力的开发。清代名医黄元御曾感慨道："窃以为天之厚安乐之人，不如其厚羁愁之士，丈夫得失之际，非俗人之所知也。"安乐之人固然轻松，却也因此消磨了自己的大好时光，羁愁之士劳心劳力，却很好地开发了自己的能力。

成功的秘诀是十年如一日地让自己恰到好处地走出舒适区。如果你每一天都充分地激活和运用高级机能，持续积累下来就一定能有很大的作为。倘若你一直处在舒适区，养尊处优，其实是往老年痴呆的方向发展，因为人和动物最根本的区别这些高级机能有没有得到很好的开发。大脑是运用即开发，越激活、越运用就越开发得好，不激活就会退化。当一个人总能充分地开发和运用高级机能时，就会通过刻意练习发展出很多优秀的习惯，好习惯的积累效应大得惊人。每一个看似轻松自如的技能，其背后都需要大量的刻意练习，都集成了很多的注意力和意志力，都充分开发和运用了很长时间的高级机能。

人和人的差距不是一天两天拉开的，而是经过几十年的积累造成的。一个人几十年如一日地朝着自己的目标奋斗，而另一个人却得过且过、优哉游哉，几十年下来的积累效应可不得了。凡成功人士都是早立大志，能够持续做到短期行为服从和服务于长期目标，天天都朝向既定目标积累。**所谓的成功，无非是心力的长期定投。**专家之所以成为专家，所做到的无非就是把自己的注意力长期定投在所从事的领域上，复利效应就会产生，一天天积累下来，和普通人的差距就不得了。同时，专家也有像人工智能一样的特质，他们经常会不知疲倦地工作，沉迷在研究中不断迭代自己的技法。

人的本性是喜欢舒适、抗拒变化的。**对多数人而言，他们宁可在错误的事上显得能干，也不愿在正确的事上显得笨拙。**他们宁可简单粗暴地、日复一日地重复低效能模式，也不愿意花时间复盘反思、主动迭代和刻意练习，所以高级机能很难得到有效开发和利用，久而久之，就堕落得跟动物一样。可见，高级机能的持续开发和利用能力是把人分化为有用之人和无用之人的分水岭。我认为，自然人的学习要像人工智能一样最大限度地运用高级机能持续升级算法、积累数据，让自己迭代起来。不怕起点低，就怕迭代慢；不怕开始晚，就怕难坚持。没有奇迹，只有不懈坚持。**你眼里的奇迹不过是别人多年内在工程的修行成果**。最近我参加的一次论坛上，大家热烈地讨论如何有效运用 ChatGPT 提高工作效率，提升工作质量。我却说 ChatGPT 给我更大的启发是：如何像培养 ChatGPT 一样培养自己的大脑。这才是学习力的关键。

大脑的多系统运作与学习方式

　　人的学习并不只是有意识的学习，其实占比更高的是潜意识的学习。我们的大脑每分每秒要处理很多事情，其中 99% 是没有经过意识加工的，而是由潜意识自动处理的。⊖比如熟练的司机开车，其动作几乎都是自动化的，不需要"过脑子"。讲学习力的书籍很多，但大多数的关注点在意识脑如何学习上，而本书探讨的是全脑学习，实际上，

　　　⊖　人的感知系统每秒向大脑传递约为一千一百万比特的信息，大脑能处理其中的 16~50 比特。

潜意识学习才是人类学习的"主战场"。我们的心智模式（思维的自动化）、心性模式（情感的自动化）、习性模式（行为的自动化）更多地下沉在潜意识层面。"模式"就是深植于潜意识中的算法。有一句话说得好：**"模式之轻，轻得难以觉察；模式之重，重得难以摆脱。"** 为什么"轻得难以觉察"？因为它深潜在潜意识层面，如果不去有意识地觉察，都不知道它的存在。为什么又"重得难以摆脱"？因为如果不刻意改变，人就会被惯性地、潜意识地指挥，生命的选择权就不掌握在自己手里。我们生活中常常说的所谓"油腻"，其实就是指那些人身上的模式已经很长时间没有迭代了。如果不关注潜意识中的模式，如果不关注潜意识的算法和数据，关于人类学习的讨论就是残缺的。现代教育将大多数人的意识的学习能力开发得还是不错的，但是意识和潜意识该如何配合，以及潜意识的学习能力该如何提高，人类还有很长的路要走，这也正是自然人可以向人工智能学习的地方。

五大网络既在意识层面工作，也在潜意识层面工作。比如感知网络，既有意识观察到的信息，也有潜意识感受到的信息，最终的感知结果由意识和潜意识合力完成、协作实现。其他四大网络同样也都涉及意识层面和潜意识层面的协作。而五大网络之间，也是既相对独立又协同配合的关系。用人工智能类比一下，自然人大脑的五大网络就相当于一个相互独立、各司其职又相互协作的计算机群。因此，学习力既包括意识的学习力，也包括潜意识的学习力，还包括每个网络中意识和潜意识的协同方式，以及五大网络相互协作的效率。

要实现学习力的跃迁，感知网络、联想网络、决策网络、反应网络、学习网络都需要迭代，需要实现人脑的多系统协同工作与进化。

为此，需要先了解五大网络系统各自的含义、各自的算法和数据、各自如何工作，以及它们之间如何配合。

■ 感知网络：搜集信息形成印象

人首先是一个感知体，时刻都在用眼、耳、鼻、舌、身去感知外部世界，大脑感知外部世界的神经网络为感知网络。感知网络的算法大都深植于人的潜意识中，如果不刻意觉察，本人都不知道。

每个人的感知网络的算法都不同。一群人共同走进一个房间，研究文物的，对房间里的字画感兴趣；做室内设计的，就会对房屋的布局、装潢感兴趣；做保洁的，看到的都是屋里的卫生死角……不同的人感知的世界也是不同的，每个人的感知网络的不同算法决定了每个人感知的世界的样子。

有的人更关注整体，有的人更关注细节。关注整体的人，看大面上没问题就可以了，不关注细节；而关注细节的人，总能在上千个字中一眼挑出错别字，在细微处揪出错误。有的人看重外在，有的人看重内在。常人一般都只是看到事物的外在，而专家常常能透过现象看本质，一眼看到事物的核心特征、内在结构。有的人爱看物象层面，有的人爱看精神层面。物像层面更关注形象、功能，精神层面则更关注价值、意义。有的人对同一性敏感，有的人对差异性敏感。看到同一性的人能把握整体、把握内在，看到差异性的人能够把握局部、把握细节。这些都是由感知网络的不同算法所致。

感知网络同样是有数据库的。假设你走在森林里，突然看到草丛中影影绰绰露出一只老虎的耳朵、一根老虎的尾巴，你就会惊觉草丛中藏了一只老虎。为什么没有看到老虎的整体你就能够知道那是老虎呢？就是因为你的感知网络数据库里储存了老虎的"格式塔"。"格式塔"一词来自于格式塔心理学流派，其主张是，人看东西时，即使没有看全，也能知道所观察对象的整体，因为不全的部分会根据大脑储存的格式塔模型去匹配。所有的观察结果其实是观察到的线索加上格式塔模型匹配共同起作用的结果。而这些格式塔模型都可以理解为感知网络的数据。除此之外，经历、情绪、知识等所有可被感知的信息或能量也都可以成为感知网络的数据。

需要特别注意的是，大脑的所有功能网络都分为意识和潜意识两个层面。意识和潜意识的感知同时工作，眼、耳、鼻、舌、身各路感知的信号会送到感觉联合中枢进行综合加工，最终形成总体的感知。

■ 联想网络：激活旧知激发想象

联想网络，就是在大脑接收到感知网络获取的信息和能量后，负责激活相关经验、知识等，并进行对照、产生联想的网络系统。

联想网络因人而异，风格不同，每个人联想网络的算法也各不相同，特别微妙。比如，有的人看问题爱看积极的一面；有的人则爱看消极的一面。有的人一眼便能看到事物蕴藏的可能性，很容易激发想象力，创意十足；而有的人看到的是事物背后隐藏的风险性，擅长未雨绸缪，提前预防。有的人是成长性思维，爱探索事情中还有什么可发挥的空间，还可以做什么样的创新；有的人是固定性思维，认为规则就是规则，没有改变的可能。有的人比较自利，偏重于从自己的角度去联想；有的人则比较利他，更愿意从他人和社会的角度去联想……不一而足。

联想网络的数据主要有两类：一类是经验数据，也就是激活了与情境相关的经验，比如，遇到一扇门后脑海里就出现一个推门的动作。另一类是知识数据，也就是激活了语义网络，联想相关的知识。联想既包括对过往经验经历的激活，也包括由感知信号引发的想象，因为回忆和想象激活的是同一脑区。

感知网络和联想网络是协同作战的，对一个人的行为影响巨大。知名影响力研究专家罗伯特·西奥迪尼在《先发影响力》一书中讲的核心原理就是，若想影响一个人，最有效的手段是影响他的感知网络和联想网络，给他的感知网络和联想网络不一样的素材，他就可能得出不一样的结论，产生不一样的行为，这样就可以先发制人，拥有先发影响力。

怎样影响一个人的感知网络呢？西奥迪尼的观点是"焦点即原因"：**我们以为自己做决策是充分理性分析的结果，而实际上我们的决策往往受感知焦点的影响。**有一个很有意思的实验：用两个机位拍两个人对谈，一个机位拍摄的是甲正面多、乙侧面多，另一个机位拍摄的是乙正面多、甲侧面多。研究者把拍摄出来的视频消音后请受试者来看，让他们猜测谁是这次对谈的主导者。结果是，看到甲正面多的都认为是甲主导，看到乙正面多的都认为是乙主导。通过影响一个人感知网络的焦点，就可能引导他得出我们想要的结论。

怎样影响一个人的联想网络呢？选用不同的语言词汇就能够影响别人联想到的画面，而联想到的画面就能很微妙地影响一个人的状态。比如竖个"靶子"，就容易激活一个人的敌意；如果改成"目标"，意思相近但潜意识的联想会柔和许多。同样，"战胜"也容易激活一个人的敌意，但说"超越"就会柔和许多。所有这些活动都在潜意识层面微妙地进行。

■ 决策网络：综合评估做出决定

决策网络就是做决策的网络系统。决策网络能够判断事物的轻重缓急，也能调用多种决策算法来得出结论。赖安·戈特弗雷森在他的《心态》一书中指出，一个人每天要做大大小小的决策3万多次，其中90%以上的决策是没有经过意识加工、没有思维活动，直接由潜意识决策的。潜意识深处隐藏着各种决策算法，这些算法共同形成一个人的决策风格。典型的决策风格有：

进取型与防御型：进取型的人考虑事情背后蕴藏的可能性比较多，更愿意承担风险；防御性的人做决策时则更多考虑可能出现的风险。

对抗型与和谐型：有些人竞争意识比较强，喜欢和对手对抗，求胜心切；有些人则比较追求人际关系的和谐，不愿意发生冲突或得罪人。

事第一与人第一：有些人首要考虑事如何完成得漂亮；有些人则首要考虑他人的感受。当然，这个算法的一个"近亲"就是理性或感性，即你到底是理性决策还是感性决策。

另外，自利和利他导向在决策网络中也会起作用。

决策风格跟个人的成长经历关系密切，比如，成长过程中缺乏安全感和自我效能感的人多倾向于防御型；而安全感和自我效能感高的人则倾向于进取型。从小遭遇批评较多又个性偏硬的人更可能发展出对抗型，相反则更可能发展出和谐型。没有人无缘无故地成为今天的样子，所有风格背后都是在个体个性与社会环境的交互作用下演化而来的。

为了防止个人决策风格偏差造成决策失误，高手会有意识地学习和运用多个决策模型。查理·芒格就说他脑袋里有上百个决策模型。**多个决策框架的交叉综合运用能够提升决策质量**。当然，集体决策的目的也是借用不同个体的决策模型提升决策质量。有些人之所以钻牛角尖，就是因为脑海里的模型太少，做任何事情只有一个模型就容易一根筋。当我们学会用不同的模型评估同一件事时，就可能得出不一样的结论，然后进行折中、均衡，就能做出不一样的决策。决策网络是由意识和潜意识协同工作的。一个人脑海里储存了不同的模型，就没有那么容易被别人影响，甚至左右了。

■ 反应网络：采取行动做出反应

感知网络负责采集外界刺激的信号和形成印象，联想网络则启动外界信息与内在记忆的关联，决策网络形成结论和应对方案，接下来就要交由反应网络去执行。反应网络就是人与外界交互做出自动化反应的网络。反应网络也分意识部分和潜意识部分。我们的大脑每天处理各种事务的方式大致可以分为三种：潜意识主导的全自动化反应、方法流程主导的半自动反应，以及完全由意识主导的解决问题式反应。下面借用开车来说明三种反应方式。

情景1：你在路上边开车边听音乐，突然，前车来了个急刹车，你也下意识地"咔"一下把车刹住了。这个过程就是完全由潜意识主导的自动化反应，也叫惯性反应。

情境2：你开车到路边要停车，正好有个车位，前面有车，后面也有车，中间空出一个车位。你心里很有把握，这就是一个标准的侧方停车，在驾校学过。你很方便调出侧方停车的流程顺利把车停进去。这种情景是意识和潜意识配合的反应方式，意识负责方法流程，而流程中每个节点的细节则由潜意识自动完成。

情境3：当你办完事出来准备开车回家的时候，你发现有人把车停到你车的旁边，把你的车卡到里面去了。你目测了一下，感觉前车和旁边车之间的夹缝够一车宽，你的车是可以开出来的，但需要慢慢腾挪。这就是一个全新的问题，你要临时想策略来解决。解决问题时全程需要意识高度参与，非常消耗注意力。

为了节约注意力资源，人们会把解决问题的过程总结成方法流程，用方法流程指导自己进行大量重复的刻意练习，继而把方法流程固化为潜意识的自动反应的习惯。反应网络的学习过程就是不断把由意识高度参与的解决问题的过程刻意练习成自动化反应的过程。并不是所有的习惯都是健康的和高效能的，所以，反应网络的学习还意味着打破旧有的低效能习惯，有意识地升级自己的反应模式，再通过刻意练习用新的、高效能的反应模式替代旧的、低效能模式。

■ 学习网络：觉察反思优化策略

为什么每个人的算法会不一样？这是因为我们在成长过程中，面对不同刺激，会做出一定的反应，然后就会获得外界的反馈。人们自然会去重复那些获得好反馈的反应方式，久而久之，这个反应就被强化为我们潜意识中的一种算法。这个过程就是学习。

人工智能用深度学习的方式透过现象看本质，看到影响事物的内在结构，形成处理问题的算法，然后用强化学习的方式不断地强化该算法。自然人的学习与之类似。你的"算法"都是过去的生活教给你的，你屡屡用这样的方式生存，所以这种方式自然而然就容易被激活，通过屡次的强化学习变成了潜意识的自动化算法。

那么，这些长年形成的算法有没有改变的可能呢？有，这就要靠五大网络中最重要的一个——学习网络。其他四大网络在潜意识层面工作的比重极高，但学习网络更多时候是在意识层面工作的。我们可以有意识地调动学习网络，促成其他四大网络的改变。学习网络能够不断检测和复盘其他网络算法的有效性，能够对效果不佳的、不合时宜的算法进行反思，然后迭代这个算法。

学习网络的工作程序是解决问题的流程，包括：确立目标、制订策略、监控实施过程、做各种适应性权变及事后复盘。以前，这些行为都在潜意识层面自动进行。学习的目的就是要将其变成有意识的觉察和有意识的迭代，这样才能让学习力有一个质的跃迁。这是关于学习最前沿、最深刻、最本质的东西。

学习网络也有很多算法，一般称为学习的策略，比如著名的费曼学习法。实际上，学校里很多学习力强的学生，不仅仅是运用其他四大网络吸收运用知识的能力强，最重要的是他们及时总结学习方法的能力也极强。学习力的提升主要靠学习网络的迭代。学习网络的不断迭代能够带动其他四个网络的不断迭代，其他四个网络的迭代也能促进学习网络的迭代。

学习力跃迁的三大措施

总结起来，受人工智能以及专家学习方式的启发，在 AI 时代，自然人若不想被人工智能替代，必须改造自己的学习。自然人也要像 AI 那样走在持续迭代的路上，才不会沦为"无用之人"。面对人工智能的威胁，我认为自然人至少需要从以下三个方面入手大幅提升自己的学习力。

首先，强化自我迭代的速度和力度。和人工智能一日千里的迭代速度相比，多数人的认知、情感和反应模式迭代得很慢甚至长时间不迭代。人工智能可以永无休止地工作和学习，而自然人学习的资本就是每天限量供应的那些脑力。问题是多数人并不能有效地开发和运用他的脑力。长时间在舒适区里混日子就意味着脑力没有得到有效的开发和运用。自然人没必要跟人工智能拼学习，硅基生命和碳基生命有太多的先天差异。但人能掌控的是坚持每天恰到好处地走出舒适区，把作为人独有的大脑高级机能运用扎实，就可以问心无愧。

其次，强化社会化学习。既然大脑的高级机能是社会化的产物，可见社会交流对自然人学习的重要性。路上跑的每一辆智能汽车都在用同样的算法在不同的情境下开车，每辆车上路的经验数据都会积累下来成为共享的数据资产，对大量经验数据的分析又促成了算法的升级。尽管人工智能的经验分享和经验知识化等优势是自然人无法比拟的，但自然人可以尽可能地提升相互交流的频次和质量。同样的刺激进入不同脑袋所引发的反应是不一样的，只要大家充分交换各自的想法和反应，就能促进相互学习。只要两个个体的经验数据和认知算法存在差异，彼此学习就成为一种可能。在课堂上，每位同学听老师讲课都会结合自己的旧知与经验对所学知识形成个人版本的理解，同学间对同一知识的不同版本理解的相互交流和启发，就是社会化学习创造的价值。

最后，针对性复盘反思。复盘一词是从围棋中发展出来的，实践证明，这种训练方法对棋手的成长非常有效，因为复盘更接近学习的本质。人工智能的另一大优越性是经验数据共享、开发和运用。对自然人学习的启发是，不要轻易放过自己的每一段经历，尽可能多地从中榨取滋养。反思的根本目的是在经验中萃取有价值的元素，从而优化自己的思维模式和能量运用模式，反思实际上是心智模式持续迭代的过程。如果一个人在成功之前就能养成时时反省的习惯，那他抗风险的能力就很强，从某种意义上讲，他更具备持续成功的可能。反之，即便取得了暂时的成功，也必将会因为不具备反思能力而遭遇巨大挫折。我发现，德鲁克、拉姆·查兰、尤里奇等很多世界级大师都喜欢一句相同的口头禅："你从中学到了什么？"

我们有意识地把伴随我们每一天的大脑分成相互独立又深度协作

的五大网络。尽管这个划分是人为的，但这对提升我们的学习力非常重要。**不能解构就不能建构，不能用学到的知识解释过去，也就不能用学到的知识开创未来。**读者完全可以通过有意识地解构自己的五大网络，了解自己五大网络的工作能力，探索自己五大网络处理能力的提升方向。这也是了解自己的另一种方式。**最让人痛苦的不是别人不了解自己，而是自己不了解自己。**一个人的学习力源于对自己全方位的觉察，对自己了解得越多，学习力就越强。

以我的读书为例。我每年至少读100本书，已经坚持了数十年，从刚开始一字一句地精读，到后来掌握了快速阅读、主题阅读等方法，读书的效率大幅度提升。首先是感知框架会大幅升级，不仅读书的速度很快，而且抓取的信息还多，甚至还能够透过文字读出作者的情感、价值主张、做人原则等。联想网络也提升很多，在读的过程中能够主动用自己的旧知与经验消化书中的内容，而且读得越多能够关联的旧知与经验也越多。书中的和实践中的大量思维框架也被决策网络沉淀下来，还能够把新鲜素材有意识地放进自己惯用的思维框架里进行加工。此外，反应网络还能把书里的东西转化成自己的东西，揉到自己的工作和生活中去。我能够有意识地回顾我自己大脑的感知网络、联想网络、决策网络以及反应网络的升级过程，尤其是反思复盘期间那些跨度比较大的进步，我的学习网络扮演了非常重要的角色，指导了其他四个网络的升级迭代。

读者可以找一个自己已经很熟练的技能，比如，打羽毛球、游泳、写毛笔字等，有意识地对比现在的你和刚入门时的你在干这件事时大脑内在五大网络工作方式的不同。

第 2 章

学习的本质是算法升级与数据重构

大脑五大网络的有机协作使得我们能够完成很多复杂的工作，而五大网络各自都有意识和潜意识两个不同层面的工作。因此，我们的学习也意味着大脑网络协作模式以及各自的运作模式的升级，而且学习也不只是意识层面的学习，而是意识和潜意识相互配合。学习力提升的重头戏就在于恰到好处地调动学习者的潜意识，持续优化学习者大脑中五大网络在学习过程中的协同水平。

跨时空借力打磨自己

有个非常经典的思想实验叫忒修斯之船（The Ship of Theseus），一艘木船能够长期在水上行驶，需要不断地维修和替换部件。船上的某块木板腐烂了，就找块新木板替换它。久而久之，所有木板都不是最初的木板了。最后这艘船是否还是原来的那艘忒修斯之船？如果说还是原来的那艘船，可所有部件都被替换了；如果说不是原来的那艘船，什么时候发生的质变？

从物质的角度看，新船似乎已经不是旧船；但从系统的角度看，新船即旧船。系统是由相互作用和相互依赖的若干组成部分按一定结构组合成的具有特定功能的有机体。尽管木板一直在更替，但作为船的结构和功能一直没变，始终是一个完整的系统。也可以把人体看作一个系统，我们的身体每天都会从外界摄入食物和水分，时刻都进行着各种代谢，几十年下来，组成身体的分子都代谢了好多遍，这个人还是原来那个人吗？说是，当然有道理，因为 DNA 没变，骨相没变，作为人的功能和结构没变；说不是，也有道理，中年人和当初那个年轻气盛的毛头小伙子在处事方式、行为习惯上已经判若两人。

身体如此，心理和精神又何尝不是？朱永新说："一个人的精神发育史就是他的阅读史。"从系统的角度看，人的思维模式和精神格局在读书、交往和做事中一刻不停地进行着"新陈代谢"。学习就可以理解为非生理层面的新陈代谢。人其实就是学习动物，无论是主动学习还是被动学习，有意识的学习还是无意识的学习，学习时刻都在发生着。刘震云的小说《一句顶一万句》中的杨百顺在犹豫要不要"嫁"给吴香香时寻思："自己换一个活路，改一回秉性，瓢子早都不是自己了。"杨百顺这句话实际道出了学习的真相，有普遍性。

主动把握和被动应付的区别很大。同样处在复杂的社会中，有人能借助各种资源成就自己，活出外在光鲜、内在幸福的人生，有人却在疲于应付中迷失自己，活出了外显狼狈、内在纠结的人生。我认为造成二者差异的根本原因是学习力。社会是不断演化的客观存在，我们越主动适应越容易发展出适应社会的能力，越被动应付越容易错失学习的机会。电影《教父》中有句经典台词："那些花半秒钟就看透事物本质的人，和花一辈子都看不清事物本质的人，注定有着截然不同的命运。"套用一下这句话：**时刻都在学习态的人和一辈子都在疲于应付的人注定有着截然不同的命运。**同样是与人交往，抱着什么心态和用什么方法去交往，效果大相径庭。

■ 学习就是主动"淘换"自己

学习就是主动"淘换"自己的动作，目的是让自己更加适应社会，不断提高生命能量的运用效能，创造更多的价值，活出轻而易举的幸福与成功，活出生命允许的最大可能。这里面就有一个矛盾，一方面要增强生命能量的流动性，跟外界充分交换，才能"淘换"到更好的"木板"；另一方面，又不能在流动中迷失自己。**任何系统都要平衡好自主性和流动性这一对相辅相成的目标。**

自主性意味着自己要树立明确的人生目标，也要更好地了解自己的需要。我的《非凡心力》一书中有一个力叫愿力，强调立志的重要性。"一个人只要知道自己去哪里，全世界都会给他让路。""当你为自己想要的东西而忙碌的时候，就没有时间为不想要的东西而担忧了！"人生目标越清晰，内心就越光明，行止就越淡定。当然也更能智慧地识别各种资源，勇敢地追求自己想要的，果断地放弃自己不想要的，不会为感性的烦恼所困扰，屏蔽各种干扰。没必要费尽力气地证明自己，也没必要苦口婆心地说服别人，目标清晰的人才能做到精神上的节能减排，杜绝无谓消耗。

流动性意味着要多交流。要意识到自己的身体、心理以及精神都不完全归属自己，各自分属更大的系统，要时不时把身体放归自然系统，让心理融汇到社会系统，将精神合一到灵性系统。中医讲："痛则不通，通则不痛。"**身体的流动性不好就会生病，心理的流动性不好就会抑郁，精神的流动性不好则会庸俗。**

自主性和流动性兼具的人是很好的学习者，自主性好才知道自己要成为谁，什么东西对自己重要；流动性好才能更好地"借外界，修自己"。当然，还要有很好的学习态，能够发自内心地认为所遇皆资源，所见皆机缘。走进生命中的所有人和事都是修身的素材，一切发生都可以视为反馈，外在反馈引发内在反思，反思是为了提高认知水平和反应模式。新的反应模式又要在实践中验证，得到新的反馈。这个内外交互的循环是学习发生的工艺流程。

■ 学习的成果结构及其价值

有位高校的资深老师曾经向我请教："我教某专业课二十多年，教材也是我编写的。一届一届地教过数千名学生，却只碰见过一位同学把我教材里的所有例题、练习题都推演了一遍。临期末找我答疑时还指出了教材中的几个小瑕疵，让我也受益匪浅。我就想问，为什么我教了这么多学生却只遇到一个这样的学生呢？"我答道："很显然这位同学与其他同学的学习动机不一样，他对这个专业是发自内心地热爱。不知道哪位老师在他的心田里种下了一颗梦想的种子，那颗种子发芽了。老师一定要明白一个道理，苦口婆心地千言万语，不如在学生的心田里种一颗梦想的种子。"知识可以使人增长见识，拓宽视野；技能让人能够学会新本领，提升效率。如果说传授知识、技能的价值好比给手机安装新的 App，那么，激发梦想、引导励志则相当于更换新的操作系统。我们还常说："授人以鱼不如授人以渔。"给人捕鱼的方法和工具远远比直接给鱼重要，学习能力远比学科知识重要。在知识社会里，人们必须学会如何学习。**学科知识的重要性远比不上学生继续学习的能力和愿意继续学习的动力。**

我受教育学家马扎诺的启发，把人的改变归结为四个不同层级的改变。最核心、最底层的是自我系统的改变。当一个人清晰地知道自己要成为谁的时候就会动力十足，一旦找到大愿，学习就进入了自动导航模式。**没找到大愿的学习都是用意志力死磕，不仅不可持续，而且容易引起自身对学习的逆反。**其次是元认知系统的改变，元认知可以理解为学习能力，包括学习方法和策略、学习过程及效果监测、学习策略调整和事后的复盘总结等能力。如果说自我系统解决的是学习意愿问题，那么元认知系统解决的是学习能力问题。再次是认知系统的改变，包括对信息的获取、加工、存储、提取、运用等思维方式的改变。最后才是反应系统的改变，又分情感反应系统和行为反应系统，即态度和技能。态度是附着了浓厚情感的认知，技能是能付诸行动的认知，习得的标志都是不假思索的自动化反应。外层改变的价值显然不如底层改变的价值大。

我在《非凡心力》和《卓越关系》中又把人通过棱镜分解为内在狗熊、内在凡夫和内在圣人三部分，学习的目标也可以归结为让自己的内在狗熊、内在凡夫和内在圣人三位一体地立体精进。内在狗熊的学习体现在习性升级上，目标是用高效能的反应方式替代低效能的反应方式。内在凡夫的学习体现在心智的升级上，而内在圣人的学习则体现在心性系统的升级上。

无论用何种分解方式都不影响对学习本质的理解。学习就是为了让自己变得更好，包括各个部分的工作效能及协作方式。而改变的策略就是提高自主性，加强流动性，有目的地"淘换"自己。

意识学习：持续升级大脑的"算法"

为方便叙述，我借用人工智能的概念类比一下，把大脑的认知、思维和反应模式统称为大脑的"算法"，把大脑的知识积累和经验积累统称为"数据"。无论是意识还是潜意识，都有其算法和数据。**学习的目的无非是升级我们做事的算法，当算法升级后再用新的算法重构过往的经验数据**。那么，学习中首要的问题是我们要能够觉察到自己原先的算法和程序，继而分析评估其优点和不足并进行针对性的升级，然后刻意练习巩固升级后的算法和流程，这是学习网络的主要职责，也是一个人学习力的重要体现。

无论是感知、联想、决策，还是反应网络，大多数时候都是自动化运行的，不刻意觉察不会感知到其运行的算法。神经语言程序学（NLP，Neuro-Linguistic Programming）把个体的无意识反应模式称为后设程序，而我更愿意将其称为元程序。要升级四大工作网络的元程序，则需要学习网络对其进行觉察、分析和干预，我将学习网络的这部分能力称为元认知。元程序一般都是在潜意识层面自动运行的，早在原生家庭时期就形成了。而元认知则要有意识地觉察评估和改进元程序。**学习就是有意识地运用元认知能力升级自己的元程序，使其反应模式更加成熟。**一个人如果不能有意识地升级迭代儿时就已形成的元程序的话，终其一生都会重复儿时就已形成的元程序，而且越是遇到意外的挑战时反应越明显、越激烈。元认知带领我们奔向诗与远方，而元程序则倾向于维持当下的苟且，一个人如果不能有意识地运用元认知带领元程序奔向诗与远方的话，必将被他的元程序拖向当下的苟且。因为元程序的反应常常是潜意识层面的，不受意识支配，而后天的学历教育是有意识的学习，无论一个人学历有多高、读过多少本书，若把他逼急了，他照样回到原生家庭就养成的"战斗—逃跑"反应模式。因此，修身的目的是提升第二反应能力，因为遇到意外刺激和挑战，每个人的本能反应都是动物性的，唯有元认知带动刻意练习，以升级迭代元程序的动物性本能反应，才能体现出此生修身的功夫。全人全脑的学习首先一定要觉察潜意识中的这些算法和数据，只有这样才能和人工智能一样持续迭代，否则潜意识里的算法和数据会一直主导我们的生命，让我们盲目地生活。

■ 四步升级大脑网络的算法

人生最大的不幸就是毫无觉察地重复早年形成的低版本模式。如果不能有意识地持续升级自己的低版本模式，人生就会沦为陈旧模式的陪葬品。连智能手机上的 App 每过一段时间都会更新版本，何况人身上的那些"元程序"呢？每个人都有义务主动更新自己身上那些低效能模式。无论是感知网络、联想网络、决策网络，还是反应网络，都要通过持续觉察和刻意练习来提升改进，用新的、高效能的版本去迭代旧的、低效能的版本。所以学习力也称之为"元认知能力"。如果我们不去有意识地运用我们的"元认知"去迭代更新我们的"元程序"，人生必将陷入低效能模式难以自拔，必将在"油腻"的状态中慢慢老去。《大学》有言："自天子以至于庶人，壹是皆以修身为本。"每个人身上都带着持续成长的原动力，每个人都应主动发掘自己身上低版本、低效能的"元程序"，然后通过有意识的觉察和刻意练习升级它。学无止境，只要持续走在升级自己的五大网络的反应版本的路上，自然人就能像人工智能一样终身学习了。

如何有意识地升级大脑网络的算法？核心的策略是四大关键步骤：觉察、重构、练习、固化。

第一步，觉察。只有通过觉察我们才能知道哪个元程序要升级，所以觉察是一切改变的开始。觉察显然是由意识脑主导的思维活动，只有有意识地看到自己身上惯性存在却未必合理的模式，升级才会被提上议事日程。比如，有人觉察到自己在人际关系中的过分依赖模式，就要刻意练习自己的独立性。大多数时候，自己很难发现自己身上的不健康模式，更多的是需要依靠外在的反馈去促发内在的觉察。

第二步，重构。觉察就是发现旧版本的不足，重构就是创建新的版本。旧的模式是低效能的，那么新的模式应该是什么样的？意识脑需要一个正确的模版才能指导潜意识脑做练习。比如，在人际关系中

做到独立应该是什么样子的？如何在实践中把握那个度？对旧的模式
要做哪些修正？

第三步，练习。这一步就是要通过大量的刻意练习将新版本固化
下来，使之变成潜意识下的新的自动化反应。旧的模式不能被删除，
只能被替代。刻意练习其实是一个自己教自己的过程，是意识教潜意
识的过程。在刻意练习的过程中也有可能会发现重构的新版本并不完
美，那就再次回到第二步进行版本优化。在实践中，版本优化和练习
是需要反复磨合的。

第四步，固化。刻意练习完成的标志是不需要意识的参与，潜意
识就能自动化地完成新版本的运行。固化成新的自动化反应之后，模
式的 2.0 版本就会正式替代原来的 1.0 版本，这个时候刻意练习时使用
的新版本的套路反倒不重要了，甚至早已被遗忘了。

五大网络中的每一个具体的元程序都可以通过以上四大步骤来迭
代升级。当然，有意识地学习是要额外消耗大脑的注意力的。

■ 恰到好处地开发高级机能

凡是有意识地学习，必然要运用大脑的高级机能。高级机能对每
个人而言都是稀缺品，是有限供应的。每个人每天就那么多精力，注
意力、意志力、思维力、想象力都不是无限供应的。当高级机能消耗
太多而无力支撑的时候，人们就会进入惶恐区，一旦到了惶恐区，动
物的防御本能就被激活了，大脑宣布进入"戒严"状态，基本不能理
性思考，这就是我们俗话说的"烧脑"，太烧脑的工作干多了，人就支

撑不下去了。但比过度消耗更让人遗憾的是，很多人的大脑长期处在同一模式的低水平重复状态下，大多数时间高级机能根本没有被激活和运作。在漫长的进化过程中，大脑发展出了高级机能的省电模式，使大脑成为注意力的"吝啬鬼"，能不耗能就不耗能。如果有人给你带路，你就会选择节省注意力而盲目跟随；如果有权威专家发表意见，你就懒得思考，直接选择听从专家的意见。这就是社会心理学中所讲的"盲从现象"。过度节制使用高级机能带来的负面结果是耽误了大脑的开发。长期在舒适区里瞎混，就意味着高级机能激活程度很低，就意味着我们在用动物本能做事情。既不在舒适区让高级机能休眠，也不在惶恐区让高级机能被耗尽，才是最好的运用和开发高级机能的方式，也就是我们说的恰到好处地处在学习区。

高级机能就像每天限量供应的水一样，既不能让其白白流走，也不能过度消耗。而大脑的工作方式是"应用即开发"，或者说"工作即开发"。用哪部分脑区，哪部分脑区就能获得更多的养分，该脑区的细胞就新陈代谢得快，就能越长越强壮，大脑机能就发展得更好。俗话说，"大脑越用越灵光"，就是这个道理。高级机能越充分被利用，大脑就会越发达。**在某一个领域厉害的牛人都能够做到一点，就是十年如一日、恰到好处地走出自己的舒适区，又不进入惶恐区，每一天都能充分地开发和运用自己的高级机能。**

高级机能的运用和开发存在"复利效应"。什么叫复利效应？就是当期的本金和利息的总和会成为下一期的本金，然后本金就越滚越大。大家都知道集成电路领域的"摩尔定律"，即每过 18 个月集成电路的效率提高一倍、成本下降一半。实际上这个规律也是技术发展领域的复利效应的体现。芯片研发中不断以前面的研发成果为基础，不断提升集成电路的精度和密度，就会取得复利式的快速发展。人脑高级机能的发展也类似，旧知经验和思维模式都会成为明天学习的"本金"，一个人知道得越多，学习新知识的速度就越快，思维能力就越强，消化新知识的能力也就越强。换言之，今天高级机能开发的成果能成为明天高级机能运用的基础。如果你能够坚持不懈地、有意识地开发和运用高级机能，不断地把那些需要意识参与的活动通过刻意练习转化成潜意识能够自动化反应的能力，久而久之，大脑中的五大网络的反应水平就会越来越高。明白了这个道理你就会发现，只要长期坚持刻意练习，人人都能够成为出类拔萃的专家。实际上天赋根本没那么重要，成功无非是高级机能的长期定投的结果。

高级机能的开发既不能荒废，也不能着急。我的一位学生听我讲完高级机能的原理后，非常焦虑地问我："老师，我很后悔遇到你晚了，到今天才理解了高级机能的运用和开发的道理，很后悔前些年让高级机能像自来水一样白白流走了。你看我现在都快四十岁了，怎样才能把错失的功课赶快补回来？"我对她说：**"人生没有太晚的开始，什么时候用功都来得及。**哪怕到了六七十岁的年龄，能够坚持恰到好处地走出舒适区去开发高级机能，都可以有很大的作为。既不必懊悔以前，也不必焦虑未来。懊悔和焦虑只会把大脑拉到惶恐区，在懊悔和焦虑中浪费时间也是对高级机能的浪费。高级机能每天是限量供应的，无论有多少事情要干，都不要忘了：上有千条线、下有一根针。我们只有一个大脑，只有一份生命能量，只要把自己每天的高级机能开发和运用好，就无怨无悔。"

简而言之，有意识地学习就是要开发大脑的高级机能，高级机能的持续运用和开发是一个人学习力跃迁的关键。

潜意识学习：不断探索大脑深处的"数据"

潜意识学习，或者叫作无意识学习，是相对于有意识学习而言的。我们常说"读书破万卷，下笔如有神"，背后就是潜意识学习。比如，作家路遥在写《平凡的世界》之前，他读了古今中外的数百部名著。请问：他在读了数百部名著后，能不能提炼出一个显性的写作方法或套路呢？答案是不能。但是，他却能通过海量的阅读发展出一种写作的感觉，这种感觉就像我们平常说的写诗的诗感、做音乐的乐感。这种说不清、道不明的感觉，实际上就是潜意识算法。意识没办法把将读的数百部名著总结成可以用语言描述的算法，但潜意识算法却在阅读过程中悄然形成，并在随后的工作中发挥作用。再比如，我们常说的"熟读唐诗三百首，不会作诗也会吟"，熟读了三百首唐诗以后，潜意识层面就积累出了算法，这个算法表现出一种莫名言状的感觉。我把这种潜意识学习叫作"滋养"，就是耳濡目染、浸泡久了自然就会了。潜意识学习在自然人身上是自然发生的。

看见人工智能能够夜以继日地快速迭代算法，我们自然人也没必要过分焦虑或灰心丧气，自然人的反应模式其实也是自动化迭代的，关键是我们要能够觉察到这种迭代，并有意识地提升这种迭代的力度和速度。所以研究潜意识学习有两大重要目的：一是通过有意识的觉察使其有加速的可能，更好地把潜意识学习和有意识学习结合起来；二是通过有意识的觉察能把潜意识层面的隐性算法显性化，以便于算法的人际传播和复制。

很多人身上都有非常宝贵的隐性技能，比如，那些非物质文化遗产的传承人们，他们身上的隐性技能就需要有意识地开发，只有尽可能地把这些隐性算法显性化，才能够实现个体间的传承。要把隐性技能显性化就得靠有意识地觉察。比如，如何把一位老中医不可言传的隐性技能变成可传承的技能？很重要的策略就是访谈提问。需要有一位高手，不断地观其所然，问其所以然。老中医每每有异于常人的做法，就要问他为什么这么做而不是那么做。这种不断提问的方式会逼着老中医用自己的思维有意识地觉察自己的感知网络、联想网络、决策网络和反应网络，当他通过思维找到其行为背后"所以然"的道理时，潜意识算法就淘出来了。当然，这位发问的高手也不能是普通人，必须有相当雄厚的业务基础，虽没有达到专家的水平，但他必须得是个学习专家，对大脑的工作原理以及学习的机理要相当清楚，才能根据隐性技能拥有者的外在表现设计出高质量的问题。用这些问题逼隐性技能拥有者进入思考状态，逼他用思维审视他习以为常的行为，只要他能说出差异化行为背后的原因，隐性知识就显性化了。只有显性化的知识才可以在个体间传播，因为我们的意识只能接受结构化的信息。

刑侦领域里有一个特别厉害的大咖叫马玉林，他是我国步法追踪技术的鼻祖，他通过足迹和鞋印就能推断出嫌疑人的性别、身高、体态，甚至是年龄，屡破大案要案。他的这个本事是怎么练出来的呢？

原来，他 12 岁就开始给财主家放羊，羊太多了容易丢。于是他以羊的大小、肥瘦、毛色、特性等体征为依据，经过长时间的观察、比较、琢磨，练出一手看蹄印就能联想出羊的体态特征的硬功夫。所以他放羊的时候很少查数，只要跟在羊群后面看蹄印，便知是否丢失，或丢了哪只，顺蹄印追踪，不论远近，准能找回。这个独门绝技后来被他迁移应用到了刑侦领域。但他的这项技能是没法复制给别人的隐性技能，全国的刑侦案件总不能只靠他一个人，有没有办法把他的隐性技能总结出来，让更多刑侦人员学会呢？公安部就派了几位高学历的人跟着他观察。不管他看完现场得出什么样的结论，就问他为什么。比如，他说嫌犯是男的，就问："你为什么觉得嫌犯是男的？"他说嫌犯身高一米八，就问："你凭什么觉得他身高一米八？"就这样，不断地向这位隐性技能的拥有者发问，就逐步总结出来一套可以教给别人的步法追踪技术。这就是一个特别经典的隐性技能显性化的案例。

学习过程离不开显性的意识学习和隐性的潜意识学习的配合。学习过程中意识和潜意识配合的默契程度也是学习力水平的一种反映。能把经验升华为知识，又能把知识转化为能力，才是真正的学习高手。**任何领域的专家都应该是集学者与工匠于一身的**，是意识学习和潜意识学习上下打通的，不仅能通过觉察把自己甚至是别人的隐性算法挖掘出来变成显性算法，使其可传授，还要能够把有意识加工升级的新算法通过刻意练习植入给潜意识。乔纳森·海特在《象与骑象人》一书中把意识比喻为"骑象人"，把潜意识比作忠实的"大象"。我非常喜欢这个比喻，把很深奥的心理学理论演绎得如此生动恰当又浅显易懂。在我们大脑内部，既有骑象人训练自己大象的驯化动作，也有骑象人解读大象语言，掌握大象秉性的读心动作。懂自己的大象又会驯自己的大象的人，才是真正的学习高手。事实上，意识和潜意识对话才是学习的最终实现，也是发展学习力的重要手段。

持续的算法升级与数据重构

如果用人工智能的概念来类比自然人的学习，我认为学习的本质就是不断地进行算法升级和数据重构，即不断地用新算法审视过去的经验数据，反过来经验数据积累够了，又可以把潜意识层面的隐性算法显性化，再结合个体间的学习升级自己的算法。这就形成了一个算法升级和数据重构相互促进的良性循环。算法升级了，就用新的算法重新梳理过往的经验数据，经验数据积累到一定程度，又能升华出对事物认知的新算法。我们可以通过主动地、不断地逼自己积累经验数据，在经验数据中萃取升级新算法，再用新算法升级反应模式，再积累新的经验数据……持续加速这个循环，也就加速了自己的学习。

在这个过程中，每个环节都存在大脑的五大网络协同互动的问题，会打破原有的平衡，再建立新的平衡。比如，当我们的决策网络升级后，向前要倒逼感知网络、联想网络升级，向后也要推动反应网络的升级。局部的改变一定会引起全局的改变，这就意味着原来的四大网络协同方式的升级。这个过程的协调和调配工作就是学习网络的职责。所以我认为五大网络中的学习网络比其他四个网络要更高一层，它扮演着总协同和总调度的角色，它有意识地打破四大网络原有的协同方式，再建立和磨合四大网络的新的协同方式。持续学习意味着不断提升五大网络之间的协作效率，表现出来就是持续提升个人效能。这才是学习的内在真相。

大前研一在《专业主义》一书里讲过："专家要有永不满足的好奇心。"想要在某个领域成为顶流专家，就要不厌其烦地把"算法升级、数据重构"的循环持续下去。有了职场二十多年的经验，我对领导力、行动学习、课程开发、课堂教学等多个领域都进行过不下十次的重新定义。我在著名心理学家欧文·亚隆的《团体心理治疗理论与实践》一书里也捕捉到，他对心理咨询和心理治疗工作也有过多次的迭代。我认为，穷途末路的时候就是重新定义的时候。每一次重新定义带来的都是专业水平的巨大进步。遇到用原有算法解决不了的新问题，就会诱发人探索新的算法，而新的算法升级必然会带动五大网络的协同升级，带动对以往知识和经验的重构。知识的迭代有复利效应，算法升级得越快，数据积累得越多，就意味着你消化新知识的能力越强。有句话说：**"如果你不觉得年初的你是个傻瓜的话，就说明你这一年迭代慢了。"**我深以为然。我于 2008 年进入教育培训领域，一路走来的十多年时间里，几乎每年都有功力倍增的感觉，那算下来我的知识和能力就有 2^{10} 的增长，即 1024 倍，复利效应就凸显出来了。当然，算法升级还要靠多读书、多交流、多复盘，不能光靠直接经验的萃取推动，更要靠获取间接经验来推动。各个领域都是相通的，只有不断地对所从事的事业进行迭代，持续处在学习态，才能持续精进成顶流专家。

特别需要注意的是，当一个人自诩自己已经是顶流专家的时候，实际上就已经从专家的位置上下来了。当年卡尔·荣格⊖发现很多梦并不能用弗洛伊德⊖的力比多理论阐释，就去找弗洛伊德探讨。没想到已经功成名就的弗洛伊德满不在乎地说："我可不想拿我的权威性来冒险。"荣格对弗洛伊德此举的评价是："这一刻他便失掉了权威性。这句话深深地烙进了我的脑海里，随之而来的，我们的关系的结束便可以预见了。弗洛伊德已把权威性置于真理之上了。"弗洛伊德为全人类打开了潜意识之门，不幸的是，他的好奇心和探索精神终究输给了荣誉和地位。一个人的算法不升级了、数据不重构了，进步就停滞了，那就只能等着后来人超越了。**思想落后的时候就是大权旁落的时候。**永远保持学习态，永不停息地迭代，永远走在时代的前列，是顶流专家的重要特质。

基于同样的道理，我坚定地认为：**前进的路上，老师是用来超越的；回望的时候，老师是用来感恩的。**很多人盲目相信大师的理论，小心翼翼地把大师的理论供奉起来不去实践，却将其当成攻击别人的炮弹，仗势欺人地对别人的实践评头论足。

很多年前就有人说我所实践的行动学习并非雷格·瑞文斯⊖提出的行动学习，我回应说："瑞文斯教授已经作古多年了，难道要把他老人

⊖ 卡尔·荣格（Carl Gustav Jung，1875—1961），瑞士心理学家。1907年开始与西格蒙德·弗洛伊德合作，发展及推广精神分析学说长达6年之久，之后与弗洛伊德理念不和，分道扬镳，创立了荣格人格分析心理学理论，提出"情结"的概念，把人格分为内倾和外倾两种，主张把人格分为意识、个人无意识和集体无意识三层。

⊖ 西格蒙德·弗洛伊德（Sigmund Freud，1856—1939），奥地利精神病医师、心理学家、精神分析学派创始人。1899年出版《梦的解析》，被认为是精神分析心理学的正式形成。

⊖ 雷格·瑞文斯（Reg Revans，1907—2003），英国重量级管理大师，首创管理者行动学习的观念，被尊称为"行动学习法之父"，全球第一位"艺术管理"大师。

家从墓里请出来检验我做的行动学习是否符合他的理论主张？理论是发展的，假如他老人家能活到现在，也一定会根据时代特点与时俱进地发展他的理论。"

我对理论的态度是要学习，但决不迷信，而是要在实践中发展。实践是把别人的理论发展成自己的体系的唯一途径。王阳明说："知是行之始，行是知之成。"在践行过程中，学习者才能真正理解，甚至发展出适合自己的个人版本。知行本来就是相辅相成、持续迭代的。**行动才是学习，获取知识只是学习前的必要准备。**

有一次，著名的物理学家费曼收到了一个本科生的来信。原来，这位学生在一次物理考试中答错了一道题，但那个答案源于她在费曼写的一本教科书里看到的一个结论，于是她就写信向费曼提问。费曼在回信中承认自己错了："我不太记得当初我是怎么想的了，但我确实干了一件蠢事。"随即他又补了一句话："你也干了件蠢事，因为你相信了我。"费曼的意思特别明确：教科书上写的，不一定都是对的——就算那作者是他费曼本人。费曼曾公开说："科学精神，即相信专家也有不懂的东西。"

学习力诊断与突围

对多数人而言，工作只是养家糊口的职业而非持续精进的专业，从业多年不过是简单重复着低效能的模式，所以并不能成为某领域的专家。更本质地说，他们在工作时并没有处在学习状态。时间久了难免陷入倦怠状态。项目经理小刘来我办公室倾诉他的经历和职业倦怠：

　　我刚开始当项目经理的时候，客户方的领导有点不信任我，单位领导也心怀忐忑，我的自信心也不是很足。我使出浑身解数，把第一个项目艰难搞定，客户超级满意，单位领导也赞赏有加，我的自信心也来了。做项目经理的头两年，我还感觉蛮充实、蛮有成就感，就一直担任项目经理，一个接一个地做项目，就像填坑一样，有时甚至还来不及填满，就又被推到下一个坑里。后来我就逐渐麻木了，因为项目做得再好，客户也认为是应该的，单位领导也觉得没什么，渐渐地自己也找不到成就感，也看不到未来职业发展的前景。

　　如今，我做项目经理八年了，经过了大大小小二三十个项目，头三年的新鲜劲和成就感早就荡然无存，后五年的感觉就像把同样的工作重复了五年一样。难道，就这样一辈子一个接一个、没完没了地填坑？没有了当初接一个挑战性项目的兴奋，没有了顺利验收一个大项目的成就和喜悦，有的只是无尽的、繁杂的具体工作。我现在很迷茫，没有目标、没有成就感、没有干劲。我该怎么办呢？

　　同样的工作，有人干一辈子还精益求精，有的人干几年就倦怠了。**没有倦怠的工作，只有倦怠的人。**关键在于在工作中找到让自己持续兴奋的点，尽管在外人看来工作是不变的，但具体到对工作的理解和干法则是每年都不一样，始终让自己恰到好处地走出舒适区，处在学习态才是其中的关键。否则，哪怕是开飞机这样看起来高大上的工作，几十年如一日地重复同样的行为，人也会厌倦。

■ 学习力就是生命活力

树木的成长有清晰的年轮痕迹，每一年都比上一年有一个明显的增量成长。假如人也能像树一样成长，也有"年轮"的话，一定能体现在五大网络的迭代上。树的成长是由其内在的生命力推动的。同样，学习力是促进人成长的内在动力。俞敏洪在一次演讲中说青春和年龄无关，与活力有关。有的人死了，他的思想还永葆青春，持续给一代又一代人带来活力；有的人虽然活着，其实已经死了，因为其生存方式像驴子拉磨一样日复一日地简单重复。从这个意义上讲，每个人都可以衡量一下自己在多大程度上还保持着青春？还活着？可以有个百分比。青春跟活力相关，活力又跟什么有关呢？我认为一个人对变化的态度可以看作衡量活力的指标。你是喜欢体验变化的新奇、拥抱变化的新意、享受变化的快乐呢？还是喜欢沉浸在过去、期待维持当下的安稳、排斥不确定因素的危机呢？老子说："物壮则老，是谓不道，不道早已。"物壮则老就是僵硬的状态，僵硬僵化就是离死亡不远了。

怎么看一个人有没有活力呢？那就要看他运用自身内在能量的方式和习惯，看他五大网络的运行方式和协作方式会不会迭代。如果一个人总是用同样的模式运用自己的内在能量，每天都重复着同样的事情，得过且过，当然缺乏活力。如果一个人总是喜欢尝试用不一样的方式运用自己的能量，对外界保持不变的好奇心，总喜欢体验不一样的感觉，欣赏变化带来的快感和成就感，他的生命才有活力。

抗油腻的最好方法是不断重新定义你所做的工作。以领导力为例，新手领导者会把领导力定义为控制力，要把手下拿捏好；再资深点的领导者把领导工作理解为营造文化和秩序，总是管控没意思，不如营造积极上进的文化和制定制度，让文化和制度规范人；再资深点的领导者会意识到领导力的精髓在于激励，像游戏设计者一样给员工设立目标、给予激励、提供资源和设定边界，让员工有创业的感觉；更资深的领导会把领导力定义为教导能力，跟下属共同在事上磨，更强调相互陪练，共同成长……领导力的进阶过程就是不断地重新定义领导力的内涵，根据自己的最新理解去实践，在实践中再深度体悟的过程。职场三十多年来，我对领导力、教学、行动学习、演讲、写作等很多工作都有若干次重新定义。让我欣喜的是，每次重新定义都让我加深了对工作的理解，找到更多的理论支持，也拓宽了它的应用面。多次重新定义之后，我开始有豁然开朗的感觉，逐渐体悟到"运用之妙，存乎一心"的乐趣。

要想成为任何领域的专家，对你所从事的工作没有十次八次的重新定义是不行的。可悲的是很多人从事某项工作一辈子也就只有一种理解，把同样的模式重复了几十年，临死也没有进入更高层次的领悟。

人性中最矛盾的一点是：既害怕变化，又腻烦不变化。变化太大会让人心生恐惧，没有变化又会让人倦怠消沉，每个人都需要在变与不变中间找到一个点，体验变化带来的新奇，体悟不变沉淀的真谛。我认为，优化个人能量分配方式和运用习惯的绝好做法就是每隔一段时间，就要总结一下过去的成长变化，规划一下未来的变化！

■ 协作模式的打破与再平衡

每一次专业水平的实质性提升都意味着大脑的五大网络的原有工作模式和协作模式的打破和再平衡。突破口常常源自大脑的某一个网络的工作方式的改变，因为大脑的五大网络总是相互协作的，所以局部改变一定会引发全局的改变，从而打破五大网络的原有的协作平衡，带动其他网络工作方式的升级和协作方式的升级，最后建立新的协作模式，完成一次专业能力的升级。举一个我在上课中迭代自己的案例以阐释这个过程。

课堂上我会遇到学生向我提出各种各样的问题，总有学生问这样的问题——

"老师，我们的员工经验不足，积极性不高，怎么用你的方法去影响？"

"我们的组织条条框框的限制很多，怎么应用你教的知识？"

"我怎样才能让我的领导改变，支持我用你教的方法和工具？"

一开始我总是很认真地回答这类问题，在实践中发现，我回答完一个问题常会迎来学生问的另一个类似的问题。久而久之，我就长经验了，当学生一再问类似"环境不允许"的问题我就知道他提的问题只是幌子，而真正的问题是其内心处在乏力的"躺平"状态。状态对了，不管遇到多大的问题，你都会主动采取措施通过创造性地发挥和适应性地改造来解决，状态不对，再小的问题都显得无能为力，难以克服。这种现象倒逼我提升感知网络的工作方式，比回答学生具体问题更重要的是感受他的内在状态。当我的感知网络改变的时候，就倒逼联想网络、决策网络和反应网络也要适应性地升级。课堂上我更多思考的是如何提升学生的内在状态，甚至发展出"给学生信心永远比教知识重要"这样的教学理念，在回答学生问题的时候更多地思考如何回应才能收到让学生的认知和信心双重提升的效果。再后来，我发展出课堂上的信息流和能量流并重的理念，提出有温度的知识才会被付诸行动，教学的重心是让学生在抽象的概念中获得直接的体验。带着这样的理念再去上课，有意识地在课堂上刻意练习，逐渐发展出在课堂上大脑的五大网络工作和协作的新模式，实战教学水平也达到了新高度。

我在教学上的核心主张都是在实践中持续迭代出来的，很多现实问题没有解决方案的时候就做主题阅读，看完一堆书受到启发后就尝试在实践中验证，验证有效的就固化下来，效果不好的就复盘。永远不满足于现状，永远思考如何做才能收到更好的效果，课堂就演变成我刻意运用、刻意练习和实战验证的练功场了。

■ 制定学习力突破策略

读者朋友可以尝试用本章所讲的知识复盘自己的学习力，制定自己学习力突围的策略。你如果能用本章介绍的知识有意识地觉察自己的过往经历，即用学来的新算法重构过往的经验数据，挖掘出朴素经验背后可复制的算法，以后再发展新的能力就有章可循了。

作为练习，读者朋友可以找一个自己娴熟、资深的领域，用本章的理论套一下你自己的迭代过程，问一下自己：在该领域里你的算法升级过几次？你的数据重构过几次？你有过多少次对该领域的重新定义？再回顾一下，你每次的重新定义是否都会带来专业水平的跨越式提升？

你也可以找一个自己已经有一定功底的特长，回顾一下自己是怎样一步步练到今天的水平的？在这个过程中经历过几次较为明显的跨越和迭代？每一次的跨越和迭代又是怎么刻意练习的？觉察过程中的意识学习和潜意识学习是如何配合的？自己的五大网络又是如何协同升级的？

第3章
学习力加速的ACCP循环

一个人的学习，包括意识和潜意识两个层面的算法升级和数据重构。在学习上，我们最常见的错误就是只关注那些好衡量、好检测的部分，而忽略了那些不好衡量、很难检测的部分。各级各类考试成绩很容易成为学习力强弱的衡量指标，而实际上，考试考的知识基本上都只是意识学习的成果。而有的人考试成绩一般却心灵手巧、动手能力极强，这反映的往往是潜意识学习的能力。**意识学习其实只是学习的小头，潜意识学习才是学习的大头。**意识学习是由认知脑主导的，潜意识学习是由行为脑主导的。要想跃迁学习力，就一定要把意识学习和潜意识学习在学习过程中有机地结合起来，两者不可偏颇。

但是，仅仅靠个体大脑的知识学习和经验积累来升级算法和重构数据的效率是很低的，甚至有时候还会有很大的偏差。人本质上是一个社会化动物，通过社会化的学习交换，将能极大地提高算法升级和数据重构的效率，同时也可以借用群体的大脑对个体的算法和数据进行加工和校准。因此，我们在学习力的研究中还必须加上个体内学习和个体间学习这个维度。

学习的社会化本质

　　提到学习的社会化本质，绕不过去的人物是维果茨基，由于他在心理学领域做出的重要贡献而被誉为"心理学中的莫扎特"。他和巴甫洛夫是同一时代的，虽然只活了38岁就英年早逝了，但他提出的理论却遥遥领先于那个时代，在当时还以行为主义为主流的时候，他就提出了建构主义，他也被公认为建构主义的鼻祖。

　　维果茨基那时候并没有现在这么发达的高科技工具，他的主要研究方法就是观察小孩子。他用简陋的研究方式，却提出了很多惊人的结论。其中有一个特别关键的理论，就是语言既是沟通的工具，更是思维的工具。也就是说，我们不仅和其他人有外在对话，即沟通，还有自己和自己的内在对话，即思维。《礼记·大学》里有和维果茨基的结论类似的话："如切如磋者，道学也；如琢如磨者，自修也。"切磋就是个体间的沟通，彼此间说道、问学；琢磨就是个体内的思维，个人的思考、省察。不论是维果茨基还是中国古人，都在说明学习本身就是切磋（个体间对话）和琢磨（个体内对话）两大动作的结合。

　　由此维果茨基得出了另一个结论，即人的高级机能是长期社会化的产物，低级机能是进化的产物。所谓社会化，就是通过个体间的切磋引发个体内的琢磨。人的所有区别于动物的高级机能都是社会化的产物，都是人通过社会化的沟通过程引发个体内的对话过程发展出来的，如果人类没有分工协作而只是单打独斗，我们是进化不成人的，当人类开始团队作战的时候，进化就加速了。

维果茨基列举说明了很多高级机能，其中最重要的有三个：随意注意、读心能力、反思能力，我称之为高级机能的"三原色"。其他高级机能，比如语言、逻辑思维、想象力、道德、审美等，都不过是随意注意、读心能力、反思能力的复合和叠加。

第一个高级机能叫随意注意，就是人能够支配自己的注意力的能力。维果茨基认为这是人类高级机能中最重要的。动物是外界来一个刺激然后被动地给出一个反应，而人可以主动地应对外界的刺激，甚至可以布局长远的未来。有人说松鼠不也未雨绸缪为冬天存储粮食吗？但那是动物的冬眠本能，并非主动的注意力分配的动作。第二个高级机能叫读心能力，就是一个人可以通过另一个人的反应读出另一个人的意图。当人类还是原始人在集体狩猎的时候，读心能力就极其重要，因为我必须知道你在想什么，然后才知道该怎么配合你。当我们能够互相知道对方在想什么的时候，团队合作的效率就提高了，就能够协同作战。只要涉及合作，就一定需要读心能力。第三个高级机能就是反思能力，也就是自我对话的能力。也就是说，我不仅能读懂你的意图，也能反思我的做法。简单地说，高级机能三原色的本质，就是读人、读自己、主动运用注意力。

反观我们的学习，无论是知识学习、技能学习还是态度学习，无不意在发展人类的高级机能。而且特别要理解的是，这些高级机能的发展都需要通过个体间的沟通促发个体内的对话来完成。切磋是手段，琢磨是目的。一个人没有内在对话的过程，就不会轻信别人给的结论，只有琢磨了才会信。我们不会不加选择地把切磋的结果作为学习的成果，所有切磋的目的都是促进琢磨。也就是说，最终的学习成果一定是琢磨出来的，但是在内在琢磨之前，需要有良好的社会化切磋环境。

用维果茨基关于高级机能的结论做一个总结：人类区别于灵长类动物的这部分高级机能是在长期的社会活动中发展出来的，学习过程中必然伴随着不同个体间的社会协商。所有高级心理机能都两次登台：第一次是作为集体活动、社会活动，即作为个体心理间的机能；第二次是作为个体活动，作为人的内部思维方式，作为内部心理机能。

除了意识学习和潜意识学习，个体间对话和个体内对话也是我们认知学习力的关键维度。就形式而言，可以把学习分为意识学习和潜意识学习。就过程而言，可以把学习分为个体间学习的信息交换过程和个体内学习的信息内化过程。就像我们吃东西，一方面要从外界获取食物，这是一个我们跟外界的交换过程；另一方面，食物进到肚子以后，我们一定要通过消化将其转化成身体的一部分，其中"消"是把食物磨碎成一个个蛋白质分子，"化"是通过转录RNA把一个一个蛋白质分子重新排列，变成能被我们的细胞吸收的东西。简单地说，**不管吃鸡肉、猪肉、牛肉，都得变成自己的肉。**这整个交换、消化的原理，应用到学习上也是一模一样的。

学习力的ACCP循环模型

如果我们把意识学习和潜意识学习、个体间对话和个体内对话这两个维度交叉，一个坐标系就呼之欲出。下面让我们分别考察这个坐标系的四个象限。

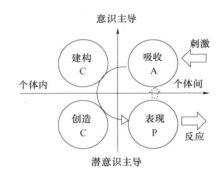

先看第一象限，讲的是个体间的意识学习，很容易理解，这实际上就是个体从外界吸收的动作。不管是看书、上课，还是与人交流，其实我们的大脑都会吸收很多新鲜的素材进去，就像我们吃东西一样。我将这个象限的动作称为"吸收"（Absorb）。

再逆时针来到第二象限，讲的是个体内的意识学习，我将这个象限的动作称为"建构"（Construct）。建构主义恰好就是以学习者为中心的教学思想，所谓建构就是把从外界个体间学来的东西变成我们自己的。有一句话说："我说的每一句话都没有意义，除非你认为它有意义。""我说的每一句话都没有意义"，这是信息输入的部分，而"你认为它有意义"，这其实是我们个体自己内部的一个领悟过程。这个领悟过程就如同消化食物，通过"消"和"化"的过程，把食物研磨拆解成蛋白质分子，再把拆解后的蛋白质分子进行重构，最终变成自己身体的一部分。所以建构的本质，就是形成个人版本的理解。我特别认同的一句话就是：**知识掌握的标志是形成个人版本的理解。**

一旦形成个人版本的理解，我们对这个知识就有了自己的领悟，领悟了的东西才真正属于自己。但这并不是学习的终点。我们把食物通过消化变成自己身体的一部分能量，其目的不是把它们存储起来变成脂肪，而是要把它们运用出去支持我们的生命活动，实现我们的人生目标。这个运用的过程就是一个再创造的过程。学习也一样，建构出来的知识只有通过再创造的过程，才能最终体现出它的价值。知识本身是没有价值的，知识的运用才会产生价值。**知识改变命运是个伪命题，只有知识能够转化成能力，能力才能够改变命运。**从建构到创造，还是在个体内部发生，但很显然已经从领悟到修身的新阶段了，已经不全是意识的学习，更多的是潜意识主导的创造。这个潜意识主导的创造，就是把新学来的知识变成一种成分，把它注入一个新的作品、新的创意、新的想法、新的……所以这创造和实际情境紧密相关。这就是第三象限的个体内潜意识学习的动作，我称之为"创造"（Create）。我们无论读什么书、学什么课，最终都得把书里的、课里的滋养转化到我们的工作或生活场景中去，否则这个学习就是无效的。

创造之后还有一个环节，就是第四象限的个体间的潜意识主导的学习，我称之为"表现"（Perform）。这个表现又是跟外界去进行个体间交换了。也就是说，我们吸收的知识，经过了建构和创造的两道工序之后，我们能够向外界表达一种能力或一个作品。这种能力或作品一旦表现出来，就能引来别人对这个表现的反馈。这些对表现的外界反馈，对我们的学习而言就成为第二轮的吸收，吸收完之后又去建构，又去创造，再去进行新一轮的表现，于是这个学习过程就完全闭环且循环起来了。

从第一象限的吸收（A），到第二象限的建构（C），再到第三象限的创造（C），最后到第四象限的表现（P），表现完了之后就会又有新一轮的吸收（A'）、新一轮的建构（C'）、新一轮的创造（C'）、新一轮的表现（P'）……这就是学习力的 ACCP 循环模型，它揭示了学习的根本过程，不仅整合了意识学习和潜意识学习，而且融汇了个体间的学习和个体内的学习。

对于一个新的理论框架，最好的验证办法是用另外一个或多个框架去检验。对于学习力的 ACCP 循环模型，可以用布鲁姆的教学目标分类体系[⊖]来检验。布鲁姆的教学目标分类体系把知识掌握的程度分成了几个台阶，从低到高分别是：记忆、理解、应用、分析、评价、创造。对应学习力的 ACCP 循环模型，知识的吸收（A）其实就在最低的台阶——机械的记忆和简单的理解；知识的建构（C）对应的就是个人版本的理解以及分析、评价，也就是更深层次的理解；把建构的东西用于创造（C），已经是学习的最高层级了；当我们把创造去表现（P）出来的时候，又能够引来别人的对这个表现出来的产品的评价和分析，这些评价和分析对我们而言又能作为一种反馈进入下一轮的吸

⊖ 教学目标分类体系是 20 世纪 50 年代以布鲁姆为代表的美国心理学家提出的。在这个理论体系中，布鲁姆等人将教学活动所要实现的整体目标分为认知、情感、心理运动三大领域，并从实现各个领域的最终目标出发，确定了一系列目标序列。

收。我们只要把学习力的 ACCP 循环转上完整的一圈, 就相当于完成了布鲁姆的教学目标分类体系中从低阶学习走向高阶学习。

所以说如果想要加速学习, 那就得让这个 ACCP 循环快速地转起来。如果这个 ACCP 循环是断链的, 学习就没有真正发生, 或者学习就失去了意义。比如只吸收而不建构, 那就是机械式的学习, 死记硬背就算是把图书馆都记到脑子里也没有意义; 而吸收了也建构了, 但是不创造, 学来的知识只能吹牛皮用, 并不能用这些知识创造价值; 即使吸收了、建构了、也创造了, 但是这个创造没有表现成为产品或者能力, 藏珠于椟, 那就会失去获得反馈的机会, 就没办法进入新一轮的学习成长。优秀的学习者都懂得 ACCP 循环的闭环。

仍以我的教学理念发展为例, 向大家介绍 ACCP 循环的应用。

其实在 2010 年之前, 我对教学的理解还停留在比较低的层次上。当时的我做 PPT 也是一把好手, 讲课也可以做到三小时狂讲且不喝水, 我觉得自己很厉害, 因为那时我对教学范式的理解就是说教。当时, 我认为老师就是知识的代言人, 老师的主要目标就是给学生灌知识, 对"你要给学生一碗水, 自己就得有一缸水"这样的逻辑深信不疑。

讲课讲得多了, 我渐渐地发现说教式的课堂对学生的深度改变产生的效果极其微弱。穷途末路的时候就是重新定义的时候。每当发现我们的行为没产生预期效果的时候, 就是我们反思迭代的时候, 就是学习力加速开始的时候。我在课堂里"吸收"了很多关于说教式教学无效的反馈, 这就让我开始"建构", 开始思考。建构的抓手在哪里呢? 就是前期的积累和沉淀。结合此前我读过的大量教育学、心理学的书籍, 我开始把书中的知识和我在课堂上得到的反馈做有机的结合。

通过深度的建构，我提出了一个观念：说教的教学范式必须变革，变革的方向是促进一个人全方位立体的改变。于是我在麦克莱恩的三脑学说的基础上，在 2011 年提出了"促人改变的三驾马车"：教学不能光给认知脑输入，还要激活情绪脑和行为脑，还要让认知脑、情绪脑、行为脑的改变形成闭环。这就是我的"创造"。最终这个"创造"要应用到我的课堂上。为了激活学生的情绪脑、行为脑，我果断地甩掉了PPT，因为PPT是单方面给认知脑输入的，而认知脑不是学习的全部，甩掉PPT才能倒逼我自己在课堂上激活学生的情绪脑和行为脑。这是一个典型的 ACCP 循环的大的阶段，当然过程中还有很多小版本的改进。

大概到 2017 年的时候，我觉得"促人改变的三驾马车"又不够用了。为什么？因为我发现三脑其实是教知识、技能、态度的很好的底层框架，但是学生是全人来到了课堂上，在教学中除了教书还要育人，而一旦说到育人，三脑的解释力就不够了。站在更高的视野上，我们必须得知道育人育的到底是什么，我们需要对人性有更深度的理解才行。于是我在阅读了大量现代心理学、精神分析学、国学书籍的基础上，提出了将人性分层，每个人身上都有狗熊的动物性、凡夫的社会性和圣人的精神性三个维度，这三者同时都参与学习，而且它们各自有各自的获取信息、加工信息和学习的模式。这就是我提出的"三维五柱立体学习框架"，我的课堂上于是有了更多的育人部分，有了更多的状态建设部分，有了更多的集体心流的涌现部分，实现了新的升级。这是再一轮的 ACCP 循环。

可见，在任何一个领域要成为一个高手，这样的 ACCP 循环都是没有止境的。只要生命还在，这个循环就不应该停止；甚至生命不在了，后面的学者还可以继续这个循环。只有这样，我们自然人的学习才能像人工智能的学习那样持续迭代。

也许有人会觉得学习力的 ACCP 循环模型很像库伯的经验学习圈理论○，但其实两者有着重大的区别。库伯的经验学习圈理论认为，学习过程是由四个适应性学习阶段构成的环形结构，包括行动、反思、总结和应用。行动对应着具体体验，反思对应着反思观察，总结对应着抽象概括，应用对应着行动应用，这就形成了一个完整的体验式学习闭环。ACCP 循环模型和库伯的经验学习圈的共通点是都有一个循环，但实际上 ACCP 循环模型可以囊括库伯的经验学习圈，两者的区别在于：一是库伯的经验学习圈只局限在个体内学习，而 ACCP 循环模型则强调除了个体内的学习还有个体间的学习，学习本身就具有社会化的本质；二是库伯的经验学习圈以经验带来的反思为输入，而 ACCP 循环模型中的"吸收"（Absorb），包括个体内和个体间的任何输入，理论学习、社会学习和实践学习都可以是"吸收"的输入。因此，ACCP 循环模型的解释能力更强，更接近学习的本质。

库伯经验学习圈

○ 大卫·库伯，社会心理学家、教育家。他最大的成就是研究了包括现代教育学创始人约翰·杜威及著名儿童心理学家让·皮亚杰等十几位教育家的思想后，提出了在欧美影响深远的体验式学习理论：经验学习圈理论。

ACCP循环与五大网络

学习力的 ACCP 循环模型和我们前面讲到的大脑的五大网络有什么关系呢？

在"吸收"（Absorb）这一步，是我们和外界交换知识的动作，或者是和另外的个体，或者是和另外的场域去交换。这个"吸收"的动作一定会激活我们的感知网络，因为感知网络正是我们和外界对接的界面，我们一定会先用感知网络去感知外部世界。那么"吸收"的质量和水平就和我们感知网络的能力直接相关。感知网络是最需要我们去提高的能力，就是能够透过现象看到本质。比如，在与人对话的过程中，我们不能只听到对方说什么，还要听到对方怎么说，能够感知对方的话外之话，能够深度感知对方的需求。这就需要我们不断提升感知网络中不论是意识层面还是潜意识层面的算法和数据。再比如说，很多一线老师经常问态度类教学该如何评估的问题。态度类教学之所以难评估，不在于学生的态度表现不出来，而在于老师不具备感知学生态度的能力，评估的重心应该放在感受学生"怎么说"而非"说什么"上。感受学生说什么是在感知网络的意识层面，感知的是学生的认知，而感受学生怎么说则是在感知网络的潜意识层面，感知的是学生的情感。态度恰恰是附着了浓厚情感的认知，只有捕捉到学生表达背后的情感成分，才能够对态度的掌握程度有一个科学客观的评价。而很多老师不具备这种感知情感的能力，就说明他们的感知网络缺失，缺少感知情感的算法和数据，意识到了就要刻意地去升级感知网络。

第二步"建构"（Construct），其实是把吸收的知识和自己的旧知经验结合的过程。旧知是消化新知的酶，如果我们的旧知不够的话，就消化不了很多新知。教育家奥苏伯尔在《教育心理学：认知观点》一书中说道："假如让我把全部教育心理学仅仅归纳为一条原理的话，那我将一言以蔽之：**影响学生的唯一最重要因素，就是学习者已经知道什么。**"因此知识是有缘分的，不论读书还是上课，有很多知识我们之所以学不到，是因为我们暂时不具备消化它的酶，我们无法用过往的旧知和经验去整合新的知识。比如，老子的《道德经》总共不过5000字，但就算是我们把它背得滚瓜烂熟也未必能理解，因为这5000字是老子凝练毕生的智慧，我们必须用自己全部的生活经验和阅历去理解它、消化它，但即使一个人的一辈子也都不足够为其背书。再比如，在我的课堂上常常强调两句话——"野路子教会野路子"和"只有逆袭的学渣才会教学渣逆袭"，两句话的意思其实一样，就是说只有有同样经历的人才更能教会同类的人，因为他们有同样的经验数据库。所以在"建构"这一学习过程中，最重要的是激活以往的知识框架、知识模型，这就是联想网络的重要功能，然后用它们解构、重构新知，这就要用到决策网络。"建构"的核心是形成个人版本的认知。

到了第三步"创造"（Create），激活的更多是决策网络，就是怎么把学到的知识迁移应用到具体的场景中去，怎么对新知做适应性的改造和创造性的发挥。就知识本身而言，它是抽象的产物，是跟具体场景做了剥离后剩下的，所以把知识重新应用到具体场景中，就一定免不了有一些改造，有一些变通。这个过程不可避免地需要我们的想象力、创意力、整合力，整合成一种所谓的产品。知识一定要想办法应用才有意义。以我为例，我这个人阅读量非常大，读书的种类也非常杂，但上有千条线、下有一根针，我所有的阅读都是为了在课堂教学中的应用而去。我深切地知道我有一个知识应用的道场，就是课堂。所以我不管看心理学，还是看经济学，还是看国学等，**我脑海里永远在琢磨一件事，就是如何把看到的这些东西应用到教学中**。所以，"创造"的核心就是知识场景化。在我们的学习中，时刻不要忘记把学来的东西应用到自己的主战场上，不论是在自己的修身上，还是在自己的事业上。

最后一步"表现"（Perform），是把"创造"好的产品或能力在某个场景里表达出来。不管是一场演讲，还是一个作品，它都是一种"表现"。那么这个"表现"里就体现了最近的学习从"吸收"到"建构"再到"创造"后的新能力、新产品。仍然以我自己为例，作为老师，我的两堂同主题的课从来都不会讲得一模一样，不是我不能讲得一样，而是我不愿讲得一样，因为我要在我的课堂上把最近学来的东西表现出来，而非固守着过去的内容、过去的讲法毫不改变。当我把最近学到的新知ACCP循环转了第一圈后刻意"表现"在课堂上时，别人的痕迹可能还很重，但当我把课堂上"表现"后的学生反馈当作"吸收"再进行下一圈、再下一圈的ACCP循环后，就把别人的知识消化得连骨头渣子都不剩了，看起来就是我自己独特的创造。所以很多人说我的创造能力很强、整合能力很强，其根本原因就在于我学

了就一定要用，用输出倒逼转化，主动"表现"寻求反馈，刻意强化
ACCP循环的速度和力度。在"表现"环节，激活的更多的是我们的
反应网络，也就是怎么样把新的想法和旧的能力进行结合。不是所有
新的想法都要有新的能力，其实绝大多数的新的"表现"都是旧的能
力的重新组合。就像画家画人像，虽然这个人是第一次画，但是这个
人的眼睛、鼻子、耳朵、嘴巴、脸型等都对应着一些基本类型，无非
是这一种和那一种的组合，这些类型的画法在画家的反应网络数据库
里都有。反应网络里有很多基本的成分技能，重新组合就"表现"出
新的能力。

加速ACCP循环的五大因子

ACCP 模型可以诊断和提升一个人的学习力。**学习力可以用 ACCP
循环的力度和速度来衡量**。首先，很多人的学习并不能形成 ACCP 的
闭环，多数人只有 AC，而缺乏 CP，读了很多书却并没有创新性地应
用到实践中去，ACCP 循环不能闭环的学习其实是伪学习。

对 ACCP 能够闭环的学习而言，还要考察其闭环的速度和力度。
速度就要看迭代有多快，我经常讲，**不怕起点低，就怕迭代太慢**。
AI 时代，所有领域都讲究敏捷迭代，过去那种先调研、再设计、再试
制和测试的长周期研发模式已经不合时宜，取而代之的是快速原型法。
有想法就快速开发一个原型，拿原型产品去征求客户反馈，根据反馈

再持续优化修改。敏捷迭代最大的优势是提升了 ACCP 循环的速度。

ACCP 循环的力度就要看学习者能够在多大程度上愿意走出舒适区尝试用新的方式工作。用旧方式工作固然省劲儿，但同时意味着大脑处在舒适区，高级机能没有充分激活，ACCP 循环中两个 C 的力度都不够。大幅度应用新方式工作又意味着要消耗更多的脑力，走出舒适区太多容易会顾此失彼、捉襟见肘。可见合适的力度非常重要。为保证 ACCP 循环以合适的速度和力度转动，下面给大家几点建议加速 ACCP 循环的具体建议。

■ 立足奉献：提升学习的底层动机

学习的底层动机非常重要，学习动机决定学习方式和学习结果，"为什么学"决定"如何学"和"学到什么"。有人的学习是为了过好自己的一生，有人是为了教养孩子，有人是为了赚钱，也有人是为了帮助更多人获得幸福。**关注什么就会得到什么，学习目的决定了学习过程中注意力的投注方向和方式**。如果学习仅仅是为了赚钱，那么动力是有限的，耐心也是有限的，学个三招五式就想出去闯江湖。如果学习是为了帮助更多人获得幸福，那就是立足奉献的，动力就会更加充沛而持久。各个领域能成为"大家"的人都是有大情怀的，精致的利己主义者很难成为真正的"大家"。

2017 年我从用友集团辞职开始创业，一开始就明确了大愿——"活着是为了淡定地改变中国教育"。我给公司起名叫"易明"，意思就是让一个人学得容易、活得明白，意在促人觉醒，易明的英文名

Enlightenment，也是觉醒的意思。我认为人生最重要的功课是觉醒，最大的福报是帮人觉醒。易明的使命就是帮人搭觉醒的梯子。几年下来，我发现自己的学习突飞猛进，每年都有功力倍增的感觉。**切身感受到我的大愿潜移默化地影响着我的读书、社交、工作和生活**。我甚至会感觉到很多新的知识、新的课程并不是从书本上习得的，而是在大愿的感召下突然顿悟得来的，有时候连我自己都惊讶怎么就会轻而易举地开发了一门高智慧又高能量的好课。立足奉献的学习动机就像为 ACCP 循环提供了转起来的动力，让人有更大的激情和动能去学和创造。

我在教育培训行业深耕多年，感觉要把教育做透，必须深入到心理学和脑科学中去。如果缺乏立足奉献的精神，一个人是很难有激情和耐心去啃那些晦涩难懂的理论的。我常常感叹：上天把人的大脑设计得那么复杂，就是设置了门槛，只让那些有情怀使命、有奉献精神，愿意为人类干点事的人才能苦心孤诣地钻研和驾驭。古人称老师为教书匠，我倒觉得有几分合理，因为教育工作者面对的是全世界公认的最复杂的机器——人的大脑，没有一点执着的工匠精神还真不能得其要领。

■ 广泛涉猎：巧妇难为无米之炊

广泛涉猎是从 ACCP 中 A 的角度来讲，学习首先要有更多吸收。ACCP 循环的学习加工需要很多数据和素材，不能只关注某一专业，不是说研究教学的就只看教育学的书，而是要通过扩大涉猎面，从不同专业领域的多样性中找到背后的同一性。不同的专业无非是领域不同，但都通着同样的"道"，同一性就是这个"道"。曾有调查表明，几乎所有的科学家在研究的关键时刻，都有被其内在艺术家"拯救"过的经历。爱因斯坦在思考相对论时，常常要通过拉小提琴来寻得灵感。换言之，我们不能只在自己的领域里钻研，需要其他领域的知识交叉来激活创造力。

广泛涉猎，功在感知网络，利在滋养联想网络。涉猎越广泛，联想网络的数据库越大，联想的可能性越高。当年路遥在写小说《平凡的世界》之前，读了数百部古今中外的经典名著，他的做法就是首先把自己的数据库做大，因为数据库不大，算法再聪明也是空转。同时，数据库还滋养着潜意识算法，当数据积累到一定程度时，潜意识就有很多潜在的想法，这些想法通过有意识地跟潜意识对话就能显化变成知识。

著名的"DIKW模型"就描述了数据变成智慧的过程：一开始所有东西都是基本数据（Data）的堆积，在堆积的数据里面找到某种关系就形成信息（Information），信息积累足够后发现信息背后的底层结构就变成知识（Knowledge），智慧（Wisdom）是运用知识解决问题。数据积累多了，信息就出来了，信息积累多了，知识就出来了……这就是数据的积累促成算法的形成，一开始的算法是潜意识层面的，通过有意识地开发就可以完成算法的知识化。我经常说：**在没有算法的时候，数据就是算法**。大量经验数据下突如其来的灵感，实际上是潜意识层面的隐性算法的显性化。卡尼曼在《思考，快与慢》中写道："只有建立在大量相关经验基础上的直觉才可靠。"

在课堂上，我最能感受到知识和经验丰厚积累的好处，我每年读一百多本书、讲一百多天课，这样坚持了很多年，职场三十多年，经历过很多岗位，所有这些积累都有可能在课堂上被学生的问题所激活。在课后复盘的时候，我特别留意那些原本隐藏在潜意识深处，被临场即兴调取的远数据、冷算法、旧情结。你读过的书、经历过的事都不会被遗忘，而是潜伏在潜意识的某个角落里，在关键时刻就会半路杀出助你一臂之力。所以，平时的积累至关重要。

■ 勤于思考：吃食物要长出自己的肉

广泛涉猎后要勤于思考。这一条聚焦在 ACCP 循环中的两个 C，第一个 C 是建构，第二个 C 是创造。学习的重心在转化，而转化又分为两个内在过程：一是形成个人版本的理解，二是形成个性化的应用。其实就是建构和创造。我经常说，**吃牛肉、吃鸡肉，最终都要长成自己的肉**。勤于思考就是对知识的消化，最终要发展出能用自己的语言表达的理解和根据现实情境灵活变通的应用。宋儒张载说："吾学既得于心，则修其辞，命辞无差，然后断事，断事无失，吾乃沛然。"所谓"修其辞"就行用自己的语言表达，是形成个人版本理解的建构过程，所谓"断事"就是在实践中检验的过程，是变通应用的创造过程。

学习过程实际是把新的知识编织在自己原有知识体系的过程，涉猎多了也可能引发自己原有知识体系的升级。**我把知识转化的策略总结了八个字：深度思考，野蛮关联。**

所谓深度思考，就是要尽可能找到知识背后更本质的原理和结构，努力做到"以道御术"。决不满足于"术"层面的掌握，决不能沦为"术"的奴隶而不知道它背后的"道"，一定要深度探究知识的底层结构和本质原理。深度思考是向上打通的办法，遇到现实问题总要努力地将其与理论关联。当我们找到情境背后深层的联系的时候，理论框架就会得到升华；反过来，升华过的理论就能更好地指导新的实践。每一次理解的升华都会引发五大网络的升级，每一次重新定义带来的都是专业水平的巨大精进。

所谓野蛮关联，就是尽可能把所学知识和不同的场景进行关联匹配。野蛮关联是由上往下打的好方法。大多时候知识用不上的主要原因，并不是我们缺乏知识，而是遇到具体的问题场景时我们不能把已有的知识与它进行关联。我们经常在踩了几个坑、碰了一脑袋包之后，回过头来才幡然醒悟地说："我怎么当时就没有想起来呢？"我们缺乏的不是知识，而是把知识和情境进行匹配的能力。请不要幻想自己能够在下一次情景发生的时候，就能反应过来，一定要在平时多做关联匹配的训练。知识的学习也要做到"养兵千日，用兵一时"，野蛮关联就是闲时练兵，为的是能从容应战，同理，"台下十年功"换取的是"台上一分钟"的潇洒和从容。

我消化知识有一个绝招，我将其称为"多框架制造绝杀"。意思也是说要不断地更换思维模型，用多种不同的算法模型处理同一组数据，从不同角度审视同一事物，大脑就不会被某一思维所局限，不会钻牛角尖。查理·芒格认为每个学科都是从一个独特的角度切入去了解这个世界，而要对世界有真实的了解，就必须掌握多个学科的核心思维方式。他甚至总结出了 100 多个多学科思维模型。我很喜欢用多个思维模型交叉类比，类比发现的共性就接近"道"，而矛盾之处或空白地带则会引发更深层次的思考。矛盾之处恰是探究更深层的真理的门户，有句话说："**真理的反面不一定是谬误，可能是更深层的真理。**"空白地带则会诱发创新的热情，我的很多核心理念和主张都是在填补空白的思考中发展出来的。我消化知识的另一个绝招是努力用自创的金句重新表述经典思想。比如我说的"给支持帮下属成长，给空间帮下属独立"，其实是《道德经》中"有之以为利，无之以为用"的另一种表达。我很喜欢用强有力的金句表述经典思想。把经典思想提炼为金句的过程需要大量脑力的投注。**金句中凝聚了很高的能量，能直指人心。**勤于思考才能发现广泛涉猎的数据、信息背后的各种联系，勤于思考才能发展出自己的知识版本，勤于思考才能智慧地把新知应用到具体的工作场景中。思考的核心是通过交叉类比找差异点，然后再通过外在的差异找内在的原因。

■ 勇于实践：行动是学习的必要环节

除了勤于思考，还要勇于实践。学习从来都是两件事，一件是"学"，另一件是"习"；一件是"知"，另一件是"行"。广泛涉猎、勤于思考固然重要，但都只是"学"的维度、"知"的维度，实践才是更重要的维度，一定要能够把"学"到的、"知"到的内容融入你的"创造"和"表现"中。广泛涉猎、勤于思考的结果是形成个人版本的理解，这不是终点，而是起点。维果茨基曾说："唯有实践才能把五花八门从别处学来的各种理论整合成自己的。"行动是学习的必要环节，而不是学习的结果体现。甚至有现代学者认为，行动才是学习，获取知识只是学习前的必要准备！

学习中最大的误区是自以为懂了。 认知脑最擅长的事情就是简单在脑内彩排一下，就自以为懂了。其实这种懂是一种错觉，一旦在实践中走两步就会发现原来想得太简单了。只有在实践中才会发现理论不符合实际的细节，解决具体的问题才能发展理论。所有的理论都是方向性的、原则性的和指导性的，要用理论解决实际问题，必须根据实际情境做适应性的改造和创造性的发挥。不实践，只是用头脑想一想，就达不到真懂。只有通过实践，才真正能让理论有感觉、有体验。**"悟到"只是脑细胞的改变，"做到"则要达到体细胞的改变。** 我对理论的态度是要学习，但决不迷信，在实践中检验和发展。**实践是检验真理的唯一标准，是把别人的理论发展成自己的体系的唯一途径。** 实践中遇到的任何现实问题，都是发展理论的契机。

我非常重视实战，早年就秉承一个理念：知识不用就白学了。所以我不管看什么书，都努力地从书里找到对我的实践特别有用的几点启发，找到之后我就想尽一切办法将其进行适应性的改造、创造性的发挥，变通地应用到我的课堂上、生活中。只有做到这种程度，我才觉得花费在那本书上的时间值了，没有白读。所以勇于实践是让学习落地的唯一途径。

最容易操作的实践方式是用输出倒逼转化，通过给别人讲述的方式，让自己真正搞明白。这就是我特别享受讲课的原因，我认为老师是站着的学生，学生是坐着的老师。老师和学生都应该处在学习的状态，学生在获取知识的时候，老师也同时在进行着知识的转化。

■ 寻求反馈：日照充足才能长势喜人

勇于实践后必然产生结果，结果是最真实的反馈。反馈有两种：一种是实践后结果的直接反馈，作为实践的主体你自己能从结果中获得直接的感受；另一种是社会反馈，是社会化环境下其他人对你的实践结果的间接反馈。反馈对于学习非常重要，反馈越丰富，就越容易促进反思。反馈是学习的外在过程，反思则是学习的内在过程。**反馈和反思是塑造自我的两把刻刀**，换言之，反馈和反思是促进学习的两大动力系统。

互联网加剧了社会学中"二八现象"的发展，不再是 20% 的人拥有 80% 的财富，而有可能是 2% 的头部拥有 98% 的财富。不仅财富是这样，智慧也是这样，影响力也是这样。而这 2% 的头部的产生，正是反思和反馈交互作用的结果。主动表现的人总能获得更多的社会关注和反馈。**反馈是有效学习的催化剂**，反馈促进反思，反思激发新的建构和创造，建构和创造又促进表现，新的表现又会吸引更多的关注、获得更多的反馈，由此形成良性循环，于是就形成了优者愈优、富者愈富的马太效应。这种良性循环极大地促进了大脑高级机能的开发。学习好的学生总能得到老师和同学更多的关注和反馈，老师和同学的关注就像阳光一样温暖学生的内心，激发其创造力和表现欲。就像日照充足的植物长势喜人一样，得到关注和反馈多的同学也成长得更快。那些善于寻求关注和反馈的人更愿意花费心思标新立异，更愿意抓住机会表现出与众不同，与众不同的表现确实能获得更多关注和反馈。当"不断创新以寻求关注和反馈"的内在张力和"标新立异赢得更多关注和反馈"的外在应力形成良性互动的时候，ACCP循环就会加速，高级机能会更充分地开发和运用。其实人人都渴望得到关注和反馈，睿智的学习者并非被动地等待关注和反馈，而要主动寻求关注和反馈。

立足奉献是发心，广泛涉猎是原材料，勤于思考是内在加工，勇于实践是把认知转化为行为或绩效，寻求反馈是借用外脑启动内在工程。这五点我称之为加速ACCP循环的五大因子。

提升ACCP循环质量

学习力可以理解为一个人的思维模式和反应模式的持续迭代的能力。就像App应用需要常常更新一样，人的心智系统也要常常更新。以前感到俗不可耐的事情，突然觉得其妙不可言，说明你的心智在迭代；以前奉若至宝的东西突然视若敝覆，说明你的心智在迭代；以前忍不了、放不下的事情，现在看来没什么、很平常，说明你的心智在迭代。互联网加快了迭代的速度，手机上的App每周都在迭代，初次发一版功能很一般的App，可以通过持续迭代演变成为广受欢迎的App。其实，人的心智系统也类似，迭代的速度比最初的天赋要重要得多。复盘反思实际上正是一个人内在心智系统自我迭代的过程。我一直强调，**在互联网时代，无论组织还是个体之间的竞争，已经不**

是比学习速度了，而是比学习的加速度。不怕你起点低，就怕你迭代慢。

一个人的学习力主要体现在 ACCP 循环的速度和力度上，学习力低下的原因就在于 ACCP 循环的断链和卡壳上。从这个模型里可以看出，真正的学习从来不会止步于知识的吸收和建构，只有把知识真正地转化成创造性的应用和表现，才能形成一个完整的学习闭环，这和让学生形成从知到行的闭环是一致的。同时，我们还要知道，要想实现学习力的快速跃迁，那就要提升这个 ACCP 学习闭环的速度和力度。所谓加快速度，就是在一定时间里能比别人多转几圈；所谓提升力度，就是能真正地大跨步走出舒适区，开放接受新的知识，在转一轮的过程中不断反思复盘，让自己的收获远远大于别人。

现实中很多人都不具备这种闭环能力。有些人看起来学习很努力，每天戴着耳机听各种课程，但只是在认知上做到了"知道"，却从来不在"用到"上下苦功夫。还有一些人看似非常聪明，但往往自以为是，感觉自己什么东西一听就懂，于是眼高手低，学什么东西脑补一下就完事，而事实是实践中的很多细节如果不真正动手是无法知道的，于是当他们真正去解决问题时就会捉襟见肘，越聪明的人似乎越容易和高能的智慧擦肩而过。而恰恰是那些不太聪明的但又有一些"憨豆精神"的人，愿意踏踏实实去践行、去应用，往往能一步一步地发展得更快更好。《论语》里描述孔子的学生子路，"子路有闻，未之能行，唯恐有闻"，就是说他每每学到一点知识，如果自己还做不到，就唯恐别人再告诉他新的知识。子路就非常懂得学习的本质，那就是知行合一！现代人应该向子路好好学学。如果用人体的消化系统来类比学习，

引领优质阅读
创造美好生活

 010-88379003、16601389360

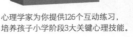

给孩子的8堂思维导图课

全网畅销20万册。思维导图创始人东尼·博赞推荐的行业领袖，王芳、庄海燕鼎力推荐的思维导图教练，帮助孩子快速提升学习力。

这样说，孩子学习更高效

资深实战派教育专家李波老师，分享老师不说、家长不懂的亲子沟通方法，让孩子爱上学习就要这样说。

孩子如何交朋友
读懂儿童的友谊

理解儿童世界中的友谊规则，支持孩子在"交朋友"中成长。

对孩子说"不"
父母有边界，孩子守规则

用养育中的"边界感"，培养自信、独立、有同理心的孩子。

真朋友，假朋友
给青春期女孩的友谊指南

畅销欧美的青春期女孩友谊指南，九大友谊真相，让女孩从小学会交朋友，远离社交孤立和校园霸凌！

亲子日课

6大成长维度，365个亲子陪伴工具，每天10分钟亲子时光，营造每日一次的"家庭仪式感"。

和孩子约法三章
支给零花钱的规则

小小零花钱，藏着孩子未来的大财富。

和孩子约法三章
使用手机的规则

手机是亲子沟通的桥，不是冲突的导火索。

**变形金刚
决战塞伯坦三部曲
创作集**

网飞动画首次推出创作设定集，
全面揭幕"塞伯坦三部曲"。

古蜀之谜纹蜀碑

三星堆考古主题，包含大型木质机
关的解谜游戏书，在家能玩的密室
逃脱游戏。

仙镜传奇

《镜之书》解谜游戏书的
前传故事。

镜之书：天启谜图

故宫主题的解谜游戏书，可
以去故宫实地探访解谜。

古蜀之珑岭无字碑

古蜀解谜游戏书系列第二部，
延续三星堆考古主题，创新木
质机关玩法。

逃脱游戏1　　　　**逃脱游戏2**　　　　**逃脱游戏3**

引进自法国的著名桌面密室逃脱游戏，演绎精彩的冒险故事，带领读者
走进奇幻的探险旅程。

小生活轻松过

漫画断舍离——
画风温暖，治愈人心。

我的小生活，先从一天
扔一件东西开始。

一个人的四季餐桌

既有硬核烹饪技巧，又有态度
和温度，国内首部本土化的
"一人食"料理书：伴你尝尽
四季时令之食，手把手陪你制
作96道精致一人食料理。

咖啡入门
冠军咖啡师的咖啡课

世界冠军咖啡师的趣味解
说，轻松入门的咖啡课。

我的咖啡生活

器皿+道具+咖啡豆+享受咖啡的
时间和空间，带给你不一样的生
活态度。

点茶之书
一盏宋茶的技艺
与美学(文创礼盒)

香事渊略
传承香火的美好之书

一本识香、品香、用香的美好之书。

从宋代点茶技艺入手，将点茶美学和宋代美学在一套文创
产品中全面展现。

量化健身：原理解析

量化健身：动作精讲

从解剖学、生理学、营养学角度
量化解析增肌减脂的动作、计
划、训练、饮食。训练内容配备
极其详细的动作技巧讲解、易错
点分析和纠正，助你充分理解动
作，提高健身效率。

亲子正念瑜伽

助力孩子成长、建立身心认知，使亲子共处变得更有趣、有意义。

动起来!
专业教练给孩子的体能课

全面的儿童体适能训练方案，详细讲解了提升体能素质的58个黄金动作。

你好青春期

心理学专家精选的50多个青春期心理咨询经典案例集，涉及孩子生活的方方面面，帮助读者更好地应对孩子的青春期。

陪孩子走过青春期

让家长和孩子度过开心快乐的青春期。

拥抱抑郁小孩
15个练习带青少年走出抑郁

15个亲子互动工具组成的一套抑郁应对方案，帮助孩子一步一步调整情绪、转变想法、改变行为。

从我不配到我值得
帮孩子建立稳定的价值感

畅销书《打开孩子世界的100个问题》作者新作! 帮助孩子建立稳定的内在坐标，打开孩子的自爱之门。

我是妈妈更是自己
活出丰盛人生的10堂课

每一个妈妈都值得先照顾好自己! 系统家庭治疗师写给妈妈的成长路线图。

立足未来
今天的孩子如何应对明天的世界

2023年中国创新教育年会年度十大推荐好书。帮助孩子们准备好应对快速变化且充满挑战的未来世界的必读书，提供了青少年立足未来的成长路线图。

户外探索教育系列工具卡

《森林实践活动指南》
《儿童户外探索活动指南》
《体验式教育经典游戏》

汇集一线创新教育机构精选的172项户外探索教育活动项目，国内首套能拉近孩子与自然关系的便携实用工具卡。

状元学习法

全书汇集十余位清华北大的状元在学习习惯、学习方法、目标管理等方面的优秀经验做法，包含4本书和30节视频课。

儿童情绪自控力工具箱

美国"妈妈选择奖"获奖图书，引导孩子通过101个易用、有趣的小工具和小方法科学地调节情绪。

超会学习的大脑
中学生备考学习法
（学习套盒）

英国教育学家×香港中文大学心理学博士联袂打造，一套游戏化、可互动的学习大脑升级方案，帮你快速成为学习高手。

打开孩子世界的100个问题

德国儿童与青少年心理学家写给父母和孩子的亲子沟通游戏书。100个脑洞大开的问题，开启一场亲子真心话、大冒险。

套盒

有人听到你

超级育儿师兰海凝练的实用家庭教育指南！为家长和孩子各自配备专属读本，围绕15个经典问题，帮助中小学生家庭解决实际问题，改善亲子沟通。

套盒

图书　　　互动卡片　　　成长记录本

朋友
理解友谊的力量

像高手一样发言

公式+图解，解决公务员(体制内员工)当众讲话的七类难题。

像高手一样脱稿讲话

模拟场景+鲜活案例+口诀公式、系统、全面、专业的方法，助你轻松脱稿讲话。

"150定律"提出者罗宾·邓巴关于友谊的最新研究成果；你在友谊中可能遇到的任何问题都会在这里找到答案。

人生拐角
生涯咨询师手记

本书是一位资深生涯咨询师多年咨询经验的呈现，也是对人生拐角这块指示牌的破译。

富足人生
智慧进阶的十二堂课

富足是一种持续追寻的状态；富足的状态是有迹可循的。12个工具，助你找到富足状态。

非凡心力
5大维度重塑自己

心力是一个人最底层的素质技能，是决定成功和幸福的最关键能力。

卓越关系
5步提升人际连接力

所有烦恼都是关系的烦恼。一切"为"你而来，而非"冲"你而来。变束缚为资源，化消耗为滋养，构建和谐关系，绽放完美自己。

如烟女士去做生涯咨询

本书以一位典型职场人士在青年时期的实际生活案例为主线，详细介绍了应对不同生涯问题的解决思路及十七个实操工具。

职业重塑
四步完成生涯转型

助你找到正确职业方向，用更短的时间走更合适的路。

零基础练就好声音

一开口就让人喜欢你。

不生气的技术　　**不生气的技术II**

生气时的消火秘籍+不生气的底层逻辑。系列狂销100万册，转变人生的契机，就从主导自己的情绪开始！

快速跨专业学习

4种知识迁移能力+5种解构知识方法+5种学习思维，助你快速成为具备跨专业学习能力的博学之人。

快速通过考试

本书分为考试前中后三大部分，涵盖学习方法、考试策略、考试技巧等，助你快速通过考试。

快速学习专业知识

本书从学习状态、收集和吸收信息、科学记忆法等六方面展开，告知读者如何快速学习专业知识并成为一个领域的专家。

快速阅读

7种预读方式+5种速读方法+5种记忆技巧，助你提升注意力，养成快速阅读的习惯。

快速掌握新技能

能让你更快速、深入和有效学习的各种工具和技术，八大块打造学习闭环。

快速掌握学习技巧

4种课堂学习法+6种精通学习方式+7种时间管理法+8种记忆方法+5种应对考试策略，助你从容学习。

学汉字有方法

3000个常用汉字，15个识字主题，全拼音标注，趣味翻翻卡，通过童谣、成语、字谜、识字小游戏，帮助孩子轻松跨过识字关，早一步开启独立阅读！

瑞莉兔魔法有声英语单词

日常情境翻翻游戏，100面语音卡，智能双语插卡机，乖宝宝英语学习的好帮手。

瑞莉兔双语情境翻翻书（全四册）

42个主题场景，800个中英文词语，乖宝宝英语启蒙好朋友。

好玩的成语解字胶片书（全四册）

这既是一套从语文课本里精选出来的成语书，也是一套通过成语学习汉字的趣味胶片游戏书！

瑞莉兔奇妙发声书（全四册）

柔和美妙又有趣的声音，带给小宝宝们新奇的"视＋听"阅读体验。

幼儿情景迷宫大冒险（共6册）

6大主题：自然、城堡、童话、人体、海洋、太空。挑战眼力和脑力！

我们的传统节日
春、夏、秋、冬

著名民俗学专家写给孩子的传统节日绘本，包含了春夏秋冬四季中的16个节日，配以童谣、字谜以及小手工游戏，让孩子轻松了解和传承传统文化。

在家就能玩的物理实验

专为6～12岁的儿童设计，附赠材料包，带你一起玩一系列有趣的科学实验。

小手按读
巧学汉字Aipad

600个生字，600多个组词，用思维导图的方法学习汉字！

汉语拼音
点读AIpad

学龄前和小学阶段孩子适用，汉语拼音学习全套解决方案！

小手按读
逻辑数学AIpad

80张卡，1150道题，承接幼升小数学启蒙的发声学习机。

瑞莉兔
专心静静贴
（全四册）

一套宝宝可以一个人玩的静静贴。

童眼识天下

实景图片，带孩子领略世界的丰富和多元。

小手玩大车
（全两册）

以酷车、工程车为主题，内含翻翻、抽拉、大立体等工艺，锻炼孩子的精细动作，提升手眼脑协调能力。

瑞莉兔有声场景挂图

哪里不会按哪里。操作简单，测试练习，早教学习小帮手。

军事天地 经典童谣 交通工具 三字经 建筑工地 英文儿歌
海洋馆 唐诗 动物园 认识数字

金色童书坊
（共13册
彩绘注音版）

用甜美故事浸润孩子的心灵！

成功/励志

冲突沟通力

破解冲突的4个步骤+不同场景的17个沟通技巧+生动鲜活的家庭故事，助你轻松掌握化解冲突的能力！

转化羞愧，绽放关系

全方位探索羞愧、愤怒、内疚等不良情绪，提供了大量转化不良情绪的方法和练习。

366天平和生活冥想手册

荣获著名的富兰克林奖！每天10分钟冥想，浸润非暴力沟通智慧，引导你走向平和生活，远离混乱和冲突！

安居12周正念练习

一套融合了非暴力沟通与正念冥想的核心智慧，在家就能轻松实践、持续成长的12周练习指南。包括小组练习、一对一伙伴练习和个人练习。

反驳的37个技巧

令人尴尬的话题如何反驳？本书为你提供了37个反驳技巧，既让对方能接受，又让自己心里畅快。

他人心理学

破解行为密码，解读他人心理，从小动作瞬间了解他人心理，成为社交达人。

与谁都能轻松融洽地聊天！

闲聊的50个技巧

"今天天气真好啊！""是呀！"，然后再聊什么呢？本书会给你答案。

我的家人抑郁了

本书不仅是一本指导如何帮助家人战胜抑郁的实用手册，同时也是一本关心自己心理健康、预防抑郁的贴心指南。

ACCP 没循环起来或循环质量不好，无非以下几种原因。

首先，是食欲不振。就是指学习动力不足，不在学习态，缺乏学习精神。学习意味着改变，而多数人是抗拒改变的。更何况对那些为生活所迫而疲于奔命的人来讲，根本没有精力投入学习。有富余精力时人们才会学习，且有效的学习需要人处在从容的状态。学习欲望不高固然很难学到东西，但学习欲望过强也很难学到东西，原因是过强的欲望会使意识脑主导学习而屏蔽了潜意识脑。**真正的学习要恰到好处地走在躺平和焦虑中间。**谷歌公司提倡工作饱满度只能是 80%，剩下的 20% 要留给自己。从容淡定才是最重要的学习状态。假如上面讲的加速 ACCP 循环的五大因子是 5 个 0，那从容淡定的学习态就是 1，没有这个 1 只有 5 个 0 就不会有学习。从容淡定隐含了三层含义：一是让潜意识参与学习。紧张状态下的学习只能是意识学习，从容淡定才能激活潜意识学习。潜意识是胆子特别小的智多星，紧张是潜意识工作的大敌。意识学习和潜意识学习一定要平衡。二是平衡好外部交互和内在反思。忙碌状态下，时间和精力往往多投入于和外部的交互之中，只有从容淡定的状态才能使注意力向内进行自我反思。三是恰到好处地走出舒适区。既不在舒适区里混日子，又不陷入惶恐区而引发防御情绪。意识学习与潜意识学习、个体间学习与个体内学习、认知脑的领悟与行为脑的修行，这三个维度的不和谐导致了太忙或者太闲的状态，只有在从容淡定的状态下这三个维度才能更好地和谐相处，才能恰到好处地走出舒适区。

其次，是消化不良。简单机械的记忆不算学习，真正的学习是学习者把外界的知识建构成自己个人版本的理解。学习过程是学习者把外来知识结合自己的旧知与经验编织到已有知识体系的过程。**旧知与经验是消化知识的酶**,旧知越多、经验越丰富,消化新知识的能力越强;**思维是消化知识的胃动力**,建模重构是形成个人版本理解的关键工序。我每年阅读上百本书,又授课百十天,最深的体会是我消化知识的能力很强。读过的书越多,再读新书越快也越容易消化,很多书中引用别人的研究成果,我根本不用细读,因为这些研究成果我在别的书上看到过。我甚至可以借助很多已经读过的书来消化正在读的书。既然读书的目的是形成属于自己的建构,那就要大胆跟作者对话,通过质疑、反思、联系经验、设想应用等很多办法让书对你产生价值。

多年前,我在成都举办了一个《上接战略 下接绩效:培训就该这样搞》的读者见面会,有位读者拿了两本书找我签字。我签完一本问她另一本签谁的名字。她说:"这本也是我的,还签我的名。"我很好奇地问:"同样的书你为什么要买两本?"她回答说:"你的书写得实在是太好了,我看了四十多遍,每一遍都有很多收获。第一本书被我批注得没有地方下笔了,所以又买了一本新的也批注成这样了。"我这才注意到每一本都有很多折页,而且书里贴满了不同颜色的即时贴,几乎每页的空白处都写满了批注。我当时非常感动,当时就对她说:"你读书的方法是对的。"

这位读者才是真正的学习高手。并非书要读很多遍才能懂,也并不是总要读新书,而是在读书的过程中,读者要把自己的精力投入到书中,思想意识沉浸在书中,花心思去琢磨书中的思想,形成自己的洞见。读多少遍不重要,消化成自己的才重要。

第三,是吸收不好。读书的最终目的还是应用,我在读书的时候经常想如何把书中的理念用到工作和生活中去。吃牛肉、吃鸡肉最终都要长成自己的肉，同样的道理，读书也罢、上课也罢，各种学习最根本的目的都是寻求改变，最直接的效果也要通过改变来体现。**学习的本质是为了改变，没有改变，就没有学习**。宋儒程颐说："今人不会读书。如读《论语》，未读时是此等人，读了后又只是此等人，便是不曾读。"读了那么多书，为什么依然过不好这一生？原因就在于消化不良，吸收不好。我认为在把书本理论转化为工作和生活中的方法上花多大的功夫都不为过。

早年我读书非常功利，总觉得如果不能把书上的理念运用到工作和生活中，我的时间就白花了。所以时常会掩卷沉思，如何把书上的理论用上。也许恰是这个心态让我在读书过程中多了很多创造的乐趣。很多时候我读书来了灵感，就顺势头脑风暴，完全进入一种创作状态，最后创造出让自己兴奋不已的行动方案，甚至与书上的内容无关。所以，看书和上课都不是被动的接受知识过程，而是主动的建构过程。

学习的过程伴随着两次创造。第一次创造是形成个人版本的建构，是把新知和脑内已有的旧知关联。这就像编席子，把新知的篾条交叉编织到旧知的席面中去。如果新知没有和旧知关联，那它在脑海里就是"太空垃圾"。新知和旧知关联得越紧密，关联的维度越多，未来能提取的可能性才越大。第二次创造是结合自己实际工作场景进行的创造性发挥，形成个人版本的应用方案。懂和真懂的区别就在这第二次创造上，懂了只是认知上的，而真懂是能落实到行动上来的。第一次创造像消化，第二次创造更像吸收。知识永远都是原则性的和指导性的，要付诸应用，离不开学习者的适应性改造和创造性发挥。我的课堂追求"己所不用，勿施于人"，唯有自己验证过才能真正理解，才值得传授给别人。**只有有体验的知识才会用，只有有实践的知识才是真知。**

最后，是代谢太慢。知识是有时效性的，所有的理论都应该与时俱进。用不合时宜的陈旧知识指导未来的实践是互联网时代知识应用中最大的风险。梅里尔教授在其《首要教学原理》一书中说他在读研究生的时候，大名鼎鼎的行为主义领军人物斯金纳博士来学校演讲。在演讲后的问答环节，有位同学问教授："你今天讲的内容和你某本书的主张有点相左。"斯金纳回答说："你觉得我会相信我曾经写过的所有东西吗？"

我与行动学习结缘已经十几年了。期间也有过不少困惑，但好在没有停留在简单的工具运用层面，一直没有停止对其本质的探索和应用的发展。细数下来，我对行动学习的重新定义也有八九个版本，大的版本也有五个，每次重新定义都让我对行动学习的理解升华，都大大拓展了行动学习的应用空间，为行动学习注入了新的能量。有很多同行批评我把行动学习泛化了，我讲的行动学习与瑞文斯当初提出的行动学习完全是两个概念。我反驳说："理论是要不断发展的，假如瑞文斯老先生能活到今天也一定会对他的理论进行发展。"我身上有一个非常明显的特质就是不迷信权威。如莎士比亚所言，一切过往，皆为序章。所有过去的理论面对未来的问题，都要在实践中发展。

知识迭代的最佳方式是实践。把别人的理论整合发展成自己的唯一途径就是实践。实践是检验真理的唯一标准，实践更是将众家知识整合成自家体系的唯一途径。只有在实践中才会发现理论的局限，解决不了的现实问题会倒逼理论升级。

最后，作为对本章内容的消化，读者朋友可以检查一下自己的 ACCP 循环的健康程度，并思考该如何改进和加速。尝试完成以下两个作业。

（1）一个理论只有能够解释你的过去，才有可能指导你的未来。如果你在某个领域深耕了很多年，就可以试着用学习力的 ACCP 循环模型解释自己在这个领域的发展历程。同时思考一个问题：ACCP 循环模型对你的学习力加速有什么启发？

（2）试着使用平衡轮评估你自己的五大因子的水平：将一个圆切分为五个扇形，再把五大因子"立足奉献、广泛涉猎、勇于实践、勤于思考、寻求反馈"分别写在五个扇形外弧上，然后逐一评估你这五大因子的现状水平，根据你的评估分数在每个扇形里画出对应弧线（圆心代表 0 分，圆的外圈代表 10 分），如下图。最后再思考一下，新的一年你想将每一项因子提高到什么水平？你能想到的提高措施有哪些？

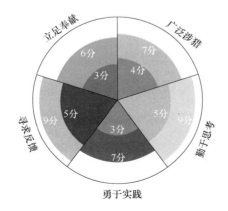

第4章

上下打通：把觉知转化为习惯，把经验转化为智慧

学习力的高低是区分一个人是否是高效能人士的重要指标。一个人的效能等于他大脑中五大网络的效能的乘积。如果一个人的五大网络每个都只发挥出 70% 的效能，5 个 70% 相乘的结果大约是 17%，也就是说最终发挥出来的效能只是总效能的 17%，这是低效能的表现。但如果他的五大网络每个都能发挥出 110% 的效能，虽然只是在原来效能的基础上提高了 10%，但 5 个 110% 相乘的结果就是 161%，最终发挥出来的效能超出原来效能的 61%，而且是上面低效能的 9.5 倍，这真是非常惊人的进步。人与人的差距就是这样产生的。

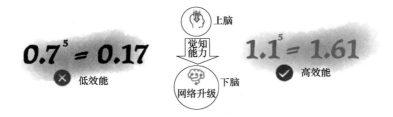

提升学习力就是提升大脑的五大网络的效能。如何提升五大网络的效能呢？首先就是要用意识觉知自己五

大网络的潜意识卡点，觉察其中低版本、低效能的反应模式，然后通过刻意练习的方法提升每个网络的处理能力，使其升级为高版本、高效能的反应模式。简单说，这一步就是把觉知转化为习惯，核心是通过上脑的学习带动下脑的学习，也就是用元认知的算法带动五大网络中子模块的算法升级。算法升级之后自然会有数据的积累，当数据积累到一定程度，就有机会进行数据重构，从数据（Date）到信息（Information）到知识（Knowledge）再到智慧（Wisdom）。通过下脑的学习带动上脑的学习，这一步是自下而上地把经验转化为智慧的过程。

真正的专家都是上下打通、集工匠与学者于一身的，必须具备自上而下把觉知转化为行为习惯的能力，以及自下而上把经验升华成智慧的能力，这两种能力是学习力的关键。

自上而下：把觉知转化为习惯

学习的出发点和落脚点都体现在生命能量的运用效能上。人类独有的高级机能对每个人而言都是稀缺资源。我们通过持续的刻意练习把原本要消耗很多脑力才能完成的复杂任务转化成潜意识自动运行的习惯。一旦养成习惯，就又能够腾出大量脑力来发展新的能力，如此持续下去的积累效应会非常惊人。正是持续多年的刻意练习，让专家变得和常人很不一样，专家用几秒钟的工夫就能做到常人好几年也办不到的事。要想事半功倍，就要把注意力资源用专业的方法长期定投到某一个领域，这就是刻意练习。人生就是一个持续的能量投注过程，能量投注是个技术活，要用专业的方法把盈余的意志力、注意力和其他高级机能兑换成能够事半功倍的、长在身上的技能和习惯。在所从事的领域就会产生复利效应，一天天积累下来，和普通人的差距就不得了。同时，专家也有像人工智能一样的那种特质，经常会看到他们不知疲倦地工作，沉迷在研究中，不断迭代他们的"算法"。

在所有刻意练习中，学习能力的刻意提升最关键。五大网络中的学习网络是学习力提升的关键，主要负责提升其他四大网络各自的处理效率及其协同协作的效率。工欲善其事，必先利其器。在自上而下的学习策略中，首先要觉察大脑的五大网络各自的处理效率和相互协作的效率。

■ 明确五大网络的提升空间

首先我们需要知道五大网络有哪些提升空间，这样才能做出有针对性的提升动作。

感知网络：感知网络里最重要的是感知能力。世界客观存在，但每个人看到的世界却不一样，因为每个人的感知网络捕捉外部信号的风格、习惯、能力都不一样。我读书能透过文字感受到作者表达背后的能量状态，你是否也能感受到？我读人能通过一个人的外在表现推知他的内心活动，你是否也能觉察到？如果感知能力缺失，那就只能读懂文字的表面意思，对作者的能量状态视而不见；如果感知能力较弱，那就无法听到别人语言背后的需求。专家的感知网络就是有一种特别的直觉，能够透过现象看到本质，比如，老中医通过望、闻、问、切快速判断病情。这种直觉是经过大量的刻意练习训练出来的。感知网络的提升空间，一是感知框架要完整，二是感知能力要能透过现象看本质。

联想网络： 外部有刺激输入，就会激活大脑内部的神经元关联，从而引发联想。联想因人而异，悲观的人联想的是悲观，乐观的人联想的是乐观。因为每个人大脑中联想网络的"高速公路"并不一样，同一个刺激会引发不同的联想反应。你有没有遇到过喜欢抬杠的人，你不管说什么他都会不假思索地说不对，因为他已经形成了抬杠的联想习惯，他的联想网络是先否定再辩解，抬杠已经是他联想网络的愉悦回路了，一次一次不断地强化，形成了难以撼动的消极思维习惯。把消极思维习惯改变成积极思维习惯，就是心智模式的升级。史蒂芬·柯维的著作《高效能人士的七个习惯》中的第一个习惯就是"积极心态"。积极心态该怎么培养？首先抑制经验数据中的消极经验第一时间被激活，然后刻意激活那些积极的经验，或者刻意把消极经验改造成积极经验。每个人都会有积极阳光的经历，也都会有消极悲惨的经验。但是遇到刺激，是先激活积极经验还是先激活消极经验，结果就会完全不一样。屡战屡败和屡败屡战完全是两个不同的状态，同一个客观事实，却反映了不同的心智模式。联想网络的提升空间就在积极心态的培养之中。

决策网络： 决策网络的提升空间在那些决策模型中。我们常常会习惯用比较单一的思维模型、评估模型来做判断、做决策。但是单一决策模型容易让人钻牛角尖，变成"一根筋"。有一句流传很广的菲兹杰拉德的名言："检验一流智力的标准，就是看你能不能在头脑中同时存在两种相反的想法，还维持正常行事的能力。"其实就是说，在判断、决策时，最好要用多个框架来审视，这样才能提升决策能力和决策水平。我经常对学生说我有一个重要的思维习惯，就是"多框架制造绝杀"，我从来不会只用一个框架审视同一个素材，我会颠来倒去地用多个框架去审视，目的就是让大脑决策网络在评估加工的时候能够更加全面、更高格局地进行决策。查理·芒格说每个人脑袋里至少要装100多个思维模型，但其实每个人最常用的头部思维模型也不过几个。我个人最容易被唤醒的思维模型有两个，事的问题用"病构问题解决方法论"，人的问题用"逻辑层次解决方法论"。你经常唤醒的思维模型又是什么呢？你的思维模型是否经得起推敲，经得起检验？你的思维模型是否能够长期迭代？你是否具有换框架的意识和习惯？这都是决策网络提升的要点。

反应网络：反应网络里最重要的两项，第一个是习惯，第二个是脾气。习惯代表的是自动化的行为，脾气代表的是自动化的情感，也可以称之为态度。你的行为习惯是否科学合理？有些低效能的习惯有没有用更好的习惯替代的可能？习惯不会凭空消失，只能用更好的习惯去替代原来的习惯。你的脾气或者态度是否安全、稳定、宜人？有些剧烈、过度的脾气有没有用更合适的脾气替代的可能？脾气也同样不会凭空消失，只能用更好的脾气替代原来的脾气。习惯和脾气都是自动化反应，既然是自动化，反应过程就几乎没有意识的参与。找到反应网络的提升空间，就是找到那些低效能、低版本的自动化反应，并向高效能、高版本的自动化反应改变。

学习网络：如果没有意识的参与，那些自动化反应是不会自行改变的，所有的改变都必须用大脑的高级机能有意识地升级，然后通过大量的强化练习，把新版本固化到潜意识网络里，这就是学习网络要做的工作。学习是反人性的，因为按照人性，顺其自然最好。但是顺其自然会让人处在舒适区，人区别于动物的高级机能就不会被激活。高级机能是人的稀缺资源，每天限量供应。学习网络的提升空间就在这些关键的高级机能中，主要包括以下几项：随意注意，就是人能够根据自己的意图决定把注意力投到哪里，而动物只能被动地刺激—反应；反思觉察，就是能把自己当成客体来研究；读心能力，就是不仅能觉察自己，还能觉察别人的状态和心思；思维和语言，语言既是沟通的工具也是思维的工具；还有想象力、道德良知以及志向等高级机能。其中最重要的是反思觉察：觉察能力是学习的本源，让学习者能从旁观者的角度去看做事的自己，然后对自己的思维、行为做一个诠释和解构；反思也叫复盘，分析结果和预期为什么不一样，以此为抓手迭代新的算法。总之，只有意识的深度参与才能激活这些高级机能。学习的本质是高级机能的长期定投，只有不断地、有意识地用高级机能去提升五大网络中低版本的模式，才能成为高效能的人。

■ 刻意练习：五大网络的提升方法

总结一下：提升感知能力，就是要拓展感知的维度和培养看见本质的直觉；提升联想能力，就是要培养积极的心智模式；提升决策能力，就是要培养建模的能力、运用模型决策的能力以及换框架的能力；提升反应能力，就是改变低版本、低效能的自动化行为和自动化情感；提升学习能力的关键是提升觉察能力和反思复盘的能力。

所有这些能力的提升，都需要在高级机能的参与下做刻意练习。刻意练习的本质，就是注意力资源或者高级机能的长期持续定投，通过不断深度学习进行算法迭代，目的是提高各个网络的效能，通过持续强化提高效率。效能和效率都得提高，效能靠版本正确，效率靠反应敏捷，版本正确和反应敏捷二者之间是相互促进的。

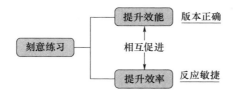

研究刻意练习的心理学家安德斯·埃里克森发现：在某一个领域精熟的人，不管是小提琴家、外科医生，还是运动员，其学习方法都异于常人，他们都会将活动分解为细小的动作，不断重复，而每一次重复他们都做微小的——几乎难以觉察的调整，逐步改进。这就讲出了刻意练习的几个关键步骤：

第一，要有明确的目标。首先是要明确自己究竟要练什么，到底是五大网络中哪个网络的哪个方面？没有目标的刻意练习是瞎练。而且要一段时间只攻克一个目标，因为人的注意力有限，如果两个目标一起练习，人的高级机能就不够用了。

第二，带着套路练习。只有有套路的行为才是可复制的行为，在认知层面要熟悉动作实现的步骤和要领。套路是实现目标的"脚手架"，所以在刻意练习的过程中套路很重要，当行为通过大量刻意练习变为自动化反应后，套路就失去了作用。

第三，恰到好处地走出舒适区。所谓刻意，就是要有意识，就是要投入注意力资源，就是要恰到好处地走出舒适区，这就把刻意和随意进行了区分。在刻意练习的过程中，要让刻意的能量略大于随意的能量，要让成就感略大于不适引起的挫败感。

第四，大量的重复。通过大量的重复，让有意识的能量投入所占的比重逐渐变低，一点一点地让五大网络的潜意识自动接管，而不再动用高级机能，让有意识的部分逐步化作无意识的自动化反应。

第五，及时有效的反馈。通过主动寻求反馈，用反馈引发反思，通过反思及时纠正过程中的细微偏差，进一步迭代套路。不要想着一个套路用到底，那不可能，没有人是通过看说明书学会骑自行车的。另外，每次做对了还要及时庆祝。

我有位学生的故事很好地说明了刻意练习的效用。他原本在一家大型公司担任一线销售人员，因为业绩很好，被总部抽调参加一次培训。他到了总部才知道，原来这次培训的目的是从全国各地的优秀销售人员中选拔一批人担任销售技能培训师，未来专门负责各地销售队伍的培训工作。培训结束之后还要进行选拔，可惜的是，50多人中只有他和另外一位同事被刷了下来。两位失败者晚上一起吃饭，另一位吐槽说总部专家不长眼，这破培训师的工作自己也不稀罕，而他在那一天却暗下决心，一定要把自己的这块能力培养上去。

从总部回来后，他就搜集各种关于如何做好培训师的资料学习，尤其是针对自己的语言表达部分制订了长期刻意练习的计划。他所做的刻意练习主要是提升自己的反应网络。他每天照着镜子练习 1 小时的演讲，同时还给自己的练习录音。照着镜子是为了逐步纠正自己的神态、体态，录音是为了回放自己的语音语调和流畅程度。而且在工作中，只要有发言的机会，他都会厚着脸皮抢着上，以克服自己在公众面前发言的紧张。就这么刻意练习了一年。当他再一次回到总部，代表片区汇报销售业绩时，他的表现惊艳了现场的多位领导。随后他就顺理成章地从地方销售岗位调到总部培训岗位，接下来很快就被提升为培训总监。

很多人口中的刻意练习，多指技能提升，比如，演讲时的肢体语言、语音语调等方面的改善。我认为，只针对岗位技能所做的刻意练习是不全面的，只有回到五大网络本身效能的刻意练习，才是全面的素质提升。从今天起我们知道素质的每一个细分项都是可以进行刻意练习的，那么是选择立足于素质提升的刻意练习，还是选择立足于技能提升的刻意练习呢？

以情绪管理的刻意练习举例。我有一句金句："不在情绪中给人讲道理，也不给情绪中的人讲道理。"能做到这一步靠的是高级机能中的读心能力和觉察能力，能够读出别人的情绪，也能够觉察自己的情绪。**用情绪回应情绪是本能，用觉察回应情绪才是智慧**。这两个能力都得刻意练习，要用你的好奇心去觉察别人情绪背后的需求，要用你的慈悲心了解别人的情绪反应背后经历了什么。要知道，没有人生下来就有这样或那样的情绪反应模式，背后一定是有很多或者悲惨或者痛苦的经历。可怜之人必有可恨之处，倒过来想，可恨之人也必有可怜之处，他一定是有某种情绪被激活了。当你用好奇心和慈悲心支配自己有意识地去觉察的时候，才能够升级反应模式。用情绪回应情绪是低版本的反应模式；用觉察、用同理心回应情绪是高版本的反应模式，这就需要用带着好奇心、慈悲心的高级机能有意识地在每次情绪事件中指导五大网络的联动，从而提升自己的修为。那这项涉及情绪管理的刻意练习的套路是什么呢？我在实践中发展出一个问自己三个问题的临事省察框架。一旦开始问自己，理智就开始恢复，理性地参与和制衡，就终结了任由情绪撒泼的格局，收到防患于未然的效果。第一问："我这是怎么了？"第二问："我要的是什么？"第三问："我该怎么办？"情绪即将发作之际，快速启动这个临事省察框架问自己这三个问题。长时间刻意练习之后，反应模式的版本自然会升级。

自下而上：把经验转化为智慧

五大网络的学习，都有意识和潜意识的参与。上文讲把觉知转化为习惯，是自上而下的学习，主要是意识学习撬动潜意识学习。下面我们将把经验转化为智慧，即进行自下而上的学习，主要是潜意识学习推动意识学习。人天生是一个学习动物，时刻都在学习，特别是潜意识的学习。比如猫被热炉子盖烫过一次，它以后甚至连冷炉子盖都不碰了，猫也在潜意识学习。每一个网络自身都是学习机器，五大网络是一个自学习系统，意识主导的学习网络统筹着五大网络的协同运作。我们所有的经历都会被五大网络的潜意识层面学习，但学到的不是知识，而是经验。如果能够把这些潜意识经验萃取成意识层面的可认知、可应用，甚至可复制给其他个体的新算法，就可以实现把经验转化为智慧。

■ **掌握从数据到智慧的路径**

我们首先需要先理解什么是经验、什么是信息、什么是知识。所谓经验，就是与情境相关的经历，但是在经历中没用的部分会和有用的部分混在一起。所谓信息，是可以用语言传播，且能够用意识和思维加工的经验连接。所谓知识，则是剥除了与情景相关的部分，形成的结构化认知。了解了经验、知识、信息的含义，我们会发现信息与知识有一个特别大的区别：信息是点状的、无序的经验碎片的连接，而知识是结构化的信息体系。知识和信息之间最大的区别就是是否结构化，是否去除了与本质无关的特征。没有结构化的经验，只能是个体间简单的数据复制，因为和情境结合得太紧密而无法在新的情境下应用。只有结构化的知识才利于在个体间传播和应用。

任何事物都有其特征，既包括表面特征，也包括核心特征。表面特征是指那些可有可无的，不影响事物本质的特征。核心特征则是指决定事物本质的特征，缺了这个特征这个事物就不成立。以我讲课为例。大家都说我课讲得好。讲课是一个具体事件。我的课讲得好，与我的身高、长相、穿着没有太大的关系，这些就属于表面特征。我的课讲得好，与我的知识结构、表达能力、感知能力等密切相关，这些才是我讲课讲得好的核心特征。这些核心特征对课讲得好来说，少一样都达不到效果。

知识，就是找到的事物的核心特征或者底层结构。前面曾经提过DIKW模型，这里要再重点讲一讲，因为它揭示了从经验到知识到智慧的基本路径。

经验最开始的形态是数据（Date）。经验是数据的积累，数据是零碎的经验。不要忽视这些数据，数据本身具有特别重要的作用，当你没有算法的时候，数据就是算法。我们的大脑一直都在干这样的事，当你遇到一个新的情境时，你的脑海里最先搜索的就是自己过去有没有处理类似情境的方法和套路，如果有方法和套路，你就会率先应用这些方法和套路；如果没有方法和套路，你的脑海里就进而搜索相似的经验，你就会选择尝试应用这个相似的经验。比如，我们在开导一个人的时候，常常会说："你这个情况，一下子让我想起了一个朋友的遭遇，他的情况跟你特别像，我可以说说他是怎么干的，也许对你会有一些启发……"这个时候，过去的数据就充当了算法。

随着积累的数据量足够大时，大脑会本能地自动寻找数据之间的联系。比如，领导带团队，怎么把团队拧成一股绳，不同的领导有不同的招数，不同的时期也有不同的做法，当你经历的时间长了、事情多了，就有了很多与凝聚团队相关的经验碎片。当数据大量堆积的时候，大脑有一个本能动力就会起作用：去整理。大脑受加工能力的限制，最害怕的就是杂乱无章的堆砌，总渴望能透过这些杂乱无章的素材找到它们背后的关联，使其秩序化。秩序化是大脑便于加工的一种方式，也就是说大脑只有把它们变得有条理、有秩序才方便加工。这时候你自然会把几个不同的数据样本之间的内在联系找出来，先不论找出来的内在联系是不是真的核心特征，但这种联系实实在在地变成了我们大脑中的信息（Information），就存储到了大脑的信息数据库中。找共同点，这是人类潜意识思维的本能，大脑的潜意识在后台一直默默地做着这个事，只是我们没有意识到。

比如，我对课堂上集体心流场域的营造。在几年前，我的课堂上偶尔会出现达到集体心流状态，其他时间则显得平淡，我当时以为集体心流状态是可遇不可求的奢侈品，只能凭运气获得。但是当课堂上集体心流出现的次数多了，我的脑海里就积累了很多集体心流的经验碎片。不自觉地，我就会把这些经验碎片拿出来做对比，试图找到在这些集体心流出现的过程中，到底是哪些动作起了作用？这些动作背后的结构与联系是什么？这些联系的发掘过程让我意识到，这些集体心流出现的背后是有一些相似处的，这些相似处就成了我初步加工的信息。这就是从数据（Date）到信息（Information）的过程。信息也可以理解为相对简单的单点知识。

当信息积累得多了，再加以聚合，就能发现信息背后更广泛的联系、更核心的结构。这个更广泛的联系、更核心的结构，就可以称之为知识（Knowledge）。知识可以说是在信息的基础上找到了更多的联系，发现了更本质的底层结构或者核心特征。通过多次对集体心流经验碎片进行的信息化、结构化处理，我逐步掌握了引发集体心流的底层结构或核心特征，我称之为"言激情荡、悟来创往"，后来我还将这个知识写进了我关于教学的相关书籍中。我更是在课堂上刻意运用这个新知识，有意识地让课堂朝着集体心流的方向发展，并不断在过程中迭代，逐渐形成了我的能力，也可以说是塑造了我的智慧（Wisdom）。

从数据（Date）到信息（Information）到知识（Knowledge）到智慧（Wisdom），这是一个必然的路径。这其中还有两点特别需要注意。

第一，DIKW过程常常是在潜意识层面自动加工运行的。当大脑积累了足够多的经验碎片时，潜意识就会本能地去发掘这些经验碎片之间的关联，试图从无序走向有序。直到某一天，意识特别想要把这些经验碎片的规律显性化的时候，潜意识关联就给意识提供了粗加工的资料，意识在此基础上进行精加工后，将其结构化成知识。我对课堂集体心流知识的开发，是我的意识和潜意识配合多次，对经验碎片做交叉类比后才知识化的，中间经历了很多个版本才逐渐成熟，在这个加工过程中，潜意识工作占大头，意识起到了显化的作用。

第二，DIKW加工的颗粒度可大可小。比如，集体心流，每一次涌现出集体心流的课堂可以成为数据碎片，每一次集体心流中的感受也可以成为数据碎片。数据可小可大，既可以是一条信息，也可以是一次经验，甚至可以是一次人生阅历。但不论数据的颗粒度大小，DIKW的方法论和模型基本上是不变的。

经验一旦转化为知识，就可以把原本可遇不可求的东西变成可复制的认知和可操作的方法，还可以把原来只有某个个体能做到的规律和方法复制、传播给他人。

■ 从经验到智慧的三大基本策略

我经常说：潜意识学习才是学习的主战场。我们做事的时候，潜意识时刻都在后台默默地积累数据，并进行建模。很多时候，人们可以娴熟地做事，却难以将做事的方法上升成方法论。实际上，潜意识是有算法的，只不过不能用语言描述。而唯有将潜意识的算法开发成能用语言描述的知识才能在个体间传播。要把潜意识里生成的信息一步一步地加工和开发成知识和智慧，我们有三个基本策略。

（1）交叉类比：同一性藏在多样性背后

交叉类比是最基本的策略。我们已经知道，知识是事物共同的底层结构和核心特征。把每一个有成效的样本里面所有特征都描述出来，比较这些样本特征中共同的项就是核心特征，而那些非共同特征的、各自具有的就是表面特征，这种找出共同项的方法就叫交叉类比。实际上，在每一个样本里面，表面特征和核心特征是混在一起的，找出哪些是表面特征、哪些是核心特征，我们就可以用交叉类比的方法。

交叉类比的原理就是归纳法。比如，人类对鸟的概念的认知过程，一开始是没有鸟这个概念的，但是我们有很多鸟的样本，比如麻雀是鸟、喜鹊是鸟、鸵鸟是鸟、企鹅也是鸟等，把所有这些鸟的特征放在一起，通过比较找到同类项，最后发现，骨头嘴、有翅膀、长羽毛、两条腿、会下蛋等共同点就是这些鸟的样本的核心特征。通过这些核心特征，我们就定义了鸟的概念，于是就可以用这个概念分辨鸟和非鸟。交叉类比的原理就是透过多样本的共性来找到事物的核心特征，同一性总是隐藏在多样性背后。

　　当然，用交叉类比的方法也存在定义错的可能，因为通过样本做交叉类比，取样的时候不可能穷尽。比如，以前人们定义天鹅，当时发现的所有的天鹅的样本羽毛都是白颜色的，于是就把这个白颜色的特征定义为天鹅的核心特征。但后来发现了一种黑天鹅，才知道黑色和白色只是天鹅的表面特征，促使我们修正了天鹅的概念。所以知识也是在不断更新的，总是不断通过交叉类比的方式找到核心特征，然后去定义它，再发现新的信息，再重新定义它。暂时交叉类比出来的核心特征未必就是真理，正确只能是阶段性的。

　　交叉类比是我们从经验中学习的一个特别重要的方法，这种方法几乎是人的一种本能。我上大学的时候就特别会用这种方法。记得有一学期考一门特别难的专业课，那时候我平常学习也不是特别努力，所以到快期末考试的时候就着急了，怎么办呢？我就在从图书馆借关于这门课的六七个人写的不同版本的教材。借来之后我就把它们对比着来看，看到某一章就看这个作者是怎么写的、那个作者又是怎么写的、第三个作者又是怎么写的、第四个……我就发现，这种对比式的学习比较容易相互解释，有的作者在这个知识点上讲得透，另一个作者可能在另一个知识点上讲得透。而且，在对比学习的过程中，我惊奇地发现有一些原理、一些公式、一些例题、一些案例在每一本书都会讲。为什么每一个作者都会关注这些原理、公式、例题、案例呢？一定是它们对于这门课来说非常重要。当我交叉类比出来这些经典不变的原理、公式、例题、案例之后，我心里就有谱了，这些原理、公式必须掌握，这些例题必须会做，这些案例必须会分析，这些就是这门课的核心内容。然后在考试前我就得意地和同学说，明天考试有几道题必考。同学们都不信。结果第二天的考试题目和我预测的八九不离十。当同学们问我怎么知道的时候，我就告诉他们，这个原理每一本教材都会讲，不懂这个原理就等于没学，这道题每一本教材都出现，不会做就等于这门课的核心没理解、没掌握。所以说，如果你学会交叉类比的策略，参加各类考试至少能保证在及格线以上。

（2）多框架套用

第二个基本策略叫多框架套用，是我在多年实践中发展出来的。在学习科学领域有一个"米勒定律"，又叫"神奇的 7 ± 2 法则"，是说我们的大脑同时处理的信息是有限的，就是 7 ± 2 的限制，人的大脑最多同时处理 5~9 个信息，超过了上限就需要分类。知识之所以需要结构化，主要是受制于我们大脑的信息处理和加工能力。只有结构化的知识才可以被大脑理解，才可以用思维加工，才可以在个体间传播。

理解了知识的结构化属性，我们就可以理解"框架"。所谓"框架"，就是把散乱无序的信息数据变成有分类、有结构、有序的信息数据库。世间所有的知识都有其基本的结构模型，也就是背后都有一个"框架"。当你不知道一个知识点背后的框架时，就可以试着拿你已知的一些知识框架来套一套，就有可能匹配上。那什么叫"多框架套用"呢？其实就是对一组信息数据用不同的框架反复套，前提是我们要存有多个框架模型。多框架审视同一个知识的优点是什么呢？就是能够引发我们的联想网络发展出一些新的东西，因为在用多个框架审视一个知识点的时候，我们很有可能发现这个知识点在某个或某些框架里缺失，于是就能够激活我们的一些旧知与经验填补这个知识点在这个维度的空白。说白了，从一堆庞杂的数据中找到结构，就像一个拼图游戏，但这个游戏里的拼图并非全都是这一堆新鲜的数据碎片，这些数据碎片会启发我们调用脑海里的框架模型，框架模型又会启发我们找缺失的数据碎片。

举个例子。在科学家们发现元素周期表的规律之前，他们有的不过是已经发现的大概五六十种化学元素以及这些化学元素的一些性质，很多后来发现的化学元素当时也还都没有被发现。在有限的数据碎片下，很多科学家就开始寻找这些化学元素排列的规律，不同的人提出了不同的排列假设。后来，俄国化学家门捷列夫总结了前人的研究经验，将当时已发现的63种化学元素按照相对原子质量从小到大排列，并将化学性质相似的元素放在同一个纵列，制出了第一张元素周期表，成为化学发展史上重要的里程碑之一。根据元素周期表这个框架，门捷列夫还预言了未知元素的存在，使人们有计划、有目的地去寻找未知元素。后来的二三十年间，科学家们根据元素周期表的指导框架相继发现了20种元素，不断填补元素周期表中的空白。当然，再后来科学家们还发现了元素周期表中没有的元素，于是就返回来修订元素周期表，让元素周期表愈加完善。

看完元素周期表的例子，我们会发现，把一些碎片用一种结构化的假设去整合，然后再用结构化的假设回自然界里去找到框架中缺失的碎片，同时验证这个结构化的假设，这个过程既是自下而上的，也是自上而下的。在这个过程中会用到不同类型的框架，这就是"多框架套用"。使用多种框架，每激活一个框架就能够激活我们脑内很多信息碎片，实际上这个建构的过程就是把我们已经知道的碎片和我们脑内原来知道的但没激活的碎片一起整合，一旦整合完成了，拼图游戏就完成了，也就完成了对碎片信息的结构化。反过来，我们用多种框架可以找到缺失的关键核心特征，进一步完善从经验到知识的转化。

总之，因为大脑处理信息能力的局限性，经验转化为知识必须是结构化的信息，用多框架整合我们的经验，结构化的信息才能容易被接受、可传承。

（3）思维外挂：大声地思考

第三个基本策略叫思维外挂，也可以把它称为"Think Out"。

当大脑积累了很多数据之后，我们的潜意识就会在无形中将数据整合成算法，只是这个算法无法用语言表达出来。这种说不出来的算法，可以将其称为"隐性知识"。很多大工匠身上都有很多这样的隐性知识，但当事人却无法准确地表达出来。那么把隐性知识显性化就极具价值。最好的一个方法就是思维外挂。

思维外挂就是逼着当事人用自己的思维去审视自己的行为、去审视自己的经验。要知道，当事人用思维去审视经验时，就意味着他会发现一些共性的东西，一些重复的东西。比如，我们评价一个人的模式，就是其某种行为、某种反应屡屡出现，它经常在线、总是如此。用思维外挂的方式，让当事人边做边说，用语言去大声地思维，说的时候就是把碎片的经验结构化、有序化的过程。为什么要把语言和思维联系在一起？因为我们人类就是用语言进行思维的，**语言既是沟通的工具，也是思维的工具**。我们进行思维的时候就是自己琢磨，自己琢磨就是自己跟自己对话，所以思维的载体就是语言。

在经验萃取里有一种方法，叫访谈法，其实是典型的思维外挂。简要地说，如果有一个人在某方面的技能特别厉害，每每都能干得特别好，但是我们就是不知道他的招数是什么，他自己也说不出来，就说明这个人身上存在一种隐性技能。想要把他的隐性技能提取出来，就可以用访谈法：找到一些也拥有这个技能，但水平没有他高的人，一边模仿着这个高手的做法，一边跟这个高手对话，只要在模仿过程中感受到一点差异，就逼问这个高手为什么这么做，逼着他去思考这么做的背后原理，然后再让他用语言表达出来，说出个一二三来。当他可以用语言说出来为什么时，就说明这种隐性技能开始显性化了，就有可能找出背后的知识。当然他说的为什么这么做有可能也没什么道理，所以说这种访谈出来的信息，有可能是挖出底层结构，也有可能离底层结构相差甚远。如何验证访谈法总结出来的关键要素是真相还是假象，那就按照他说的要点去试，如果验证成功了，那就说明是知识，如果验证不成功，就还得再问。总而言之，就是用这样的方法去把隐性的知识显性化。

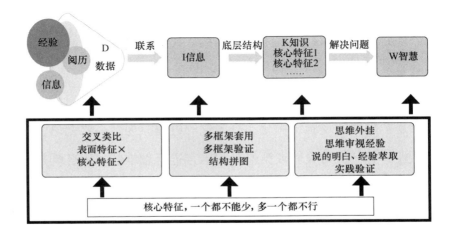

交叉类比也好，多框架套用也好，思维外挂也好，在找到一些核心特征以后，我们怎么知道自己找的是对的呢？有两个办法可以验证。第一，把核心特征找出来以后，一个一个拿出来看，看去掉一个行不行，如果是核心特征，就属于底层结构，去掉这一个后性质就改变了，那这个核心特征就必须保留，就是对的。第二，反过来验证，有了这些核心特征就一定行吗？如果不一定行，还能找到一个反例，就说明核心特征还没有找完。这两个方法不断地反复用：一个是验证知识的完善性，去掉这一个是行还是不行；一个是验证知识的本质程度，有了这一个是不是就一定能行。就能验证出找的是不是底层的算法和结构。

集学者与工匠于一身

学者是拥有丰富的理论知识，却未必能够运用知识解决问题的人。而工匠则是能够娴熟地解决问题或完成工作，却未必能总结、升华出理论知识的人。真正意义上的专家一定是集学者与工匠于一身的人，不仅能够自上而下地把有价值的觉知转化为习惯，又能自下而上地把经验升华为理论，并且在实践中不断积累经验，又在经验的基础上发展理论。在大量经验基础上萃取出知识结构，升华为理论，再用理论指导实践，又根据实践的结果发展理论。无论是谁，只要能够不断地用这种上下打通的循环工作，就一定能发展成为集学者与工匠于一身的专家。

学习力是我本人最核心的竞争力，也是我最底层的能力。迄今为止我已经出版过 13 本著作，仅从 2017 年创业到现在已经出版过 10 本书，而且我的每一本书都追求"三独两精"，即独到主张、独家案例、独特法门和精巧结构、精辟金句。很多人很好奇我如何能做到如此高质量地高产。秘诀正在我的学习方式上，我用独特的方式打通"自上而下"和"自下而上"两条学习通路，加速 ACCP 循环。

首先，自 2009 年以来，我每年坚持读一百多本书，又平均每年讲百十天课。读书的时候，我在努力思考如何把书上的内容用到我的课上，用输出倒逼转化是物理学家费曼推崇的学习方式，对我而言非常有效。能用自己的语言讲给别人听才叫真懂，要变通地运用在课堂上又必须有创造性的发挥。中国人民大学的包政老师在他的《管理随笔》中说："我经常跟学生讲，也许我看过的书没你们多，但我看懂的书肯定比你们多。看不懂就讲不出来，我看书从不浮皮潦草、自欺欺人。"给别人讲其实也是在给自己讲，不仅自己巩固了知识，而且在讲的过程中一定会有即兴发挥式的新发展。一方面，自己会思考具体经验中起作用的成分——什么东西该讲，什么东西不该讲；什么东西该详细讲，什么东西可以一带而过——当老师做这些决策的时候，其思维就在做去粗取精的升华加工。另一方面，讲出去的东西又可以获得学生的反馈——怎么讲学生一听就明白，怎么讲学生会迷茫——这些反馈会促使老师对自己的知识和经验进行迭代加工，如此反复，把经验升华为知识就变得容易了。这也是我特别享受讲课的原因。

甚至我的课不都是因为自己非常擅长要做经验分享，有时候是因为自己特别想提高，就买来一大摞书做主题阅读，把书上的内容消化成自己的见解，再架构成课程，用授课的方式与学生同修。我的所有课程都在对话中进行，所以在社会化学习中，我就有机会收集到大量的真实案例，在利用所学知识帮学生解答真实难题的过程中我实现了从知到行的转化。遇到难以解释的现象和难解的问题，我便会回过头来在书中找答案。于是就形成了用上课的方式消化书，又用现实问题驱动再读书的知行互促的良性循环。在这个过程中，我和学生都有巨大的收获。

我上课非常不喜欢简单地重复，即便讲同样的课程，也会尝试用不同的方式讲。既可以在讲授中安插某项成分技能的刻意练习，也可以尝试用不同的场景和问题切入，还可以试图融入最近读书的领悟，总之，我总要让自己恰到好处地走出舒适区，始终处在创造性脑力劳动的状态下，久而久之，我的每门课都会发展出多种讲法。我的课堂要追求的效果是：让新同学听出似曾相识的感觉，让老同学听出焕然一新的感觉；每讲都要不同，每听都有斩获。

课后要复盘。我对刻意设计的部分和学生反应出乎意料的部分要做重点复盘。既要有教学策略的有效性复盘——老师可以在脑海里回放整个课程的过程，看哪些环节还可以优化；也要有教学内容的复盘——课堂上学生问了哪些问题？展开了哪些有意义、有价值的讨论？学生有什么精彩的案例分享？学生的问题有没有促成老师更深层的思考？不断用更好的案例替代原来的案例，不断借学生的问题来驱动自己进行更深入的研究，不断尝试重新架构自己的课程。就这样，不断地通过理论学习和复盘提升自己对教学的认知水平，再通过刻意练习有意识地在教学中运用和检验自己的认知，最后通过对教学过程的复盘再次提升认知水平，就形成了"认知迭代——刻意练习——复盘反思——再认知迭代——再刻意练习——再复盘反思"的正向循环。让自己每过一段时间都有新的认知、新的行为和新的体验，形成螺旋式迭代，就像树一样一年一个年轮地成长。

课讲过十遍以上我才会考虑将其整理出书。下笔写书的时候，我积累的素材已经足够写好几本书了。于是，案例优中选优，观点选更犀利的，金句选更精辟的……而且我写书的效率非常高，只要起个头，一句一句的文字就在指尖自然流淌，就像日常讲课一样，几乎是自动化地完成。写书居然也能屡屡把我带到心流状态。

管理培训专家、畅销书《流程密码》的作者章义伍老师说："老田是国内'熊猫级'的培训导师，用'知识一箩筐'来形容他绝不过分。每次听他的课程，均获益匪浅。"我发展成今天的样子的秘籍就在于做到了上下打通，ACCP循环的速度和力度俱佳。

今天社会上滥用"专家"一词，我认为真正的专家必须是集学者与工匠于一身的，不仅能把理论转化为修身的工具，活出理想的状态，也能够把经验升华为理论，供更多人学习。一般人口中的专家，不过是学者或工匠，集学者与工匠于一身的人凤毛麟角。我读过两千本书，上过两千天的课，写过十多本书两百多万字，主持开发过上百门课程，高质高产的秘诀全在学习力循环上。

读者可以结合本章内容对自己的学习方式做一下复盘，在五大网络里找到一个短板，找一个最需要刻意练习的突围点，比如，感知他人内在状态的能力、建模能力、换框能力、积极思维能力等，制订一个刻意练习计划，确定目标、套路，思考如何恰到好处地走出舒适区，大幅度提升自己大脑的学习力。

此外，还可以尝试做交叉类比的练习。搜集自己关于一件事情在同一情境下的多个经验样本，然后通过这些样本尝试用交叉类比的方法找到背后的核心特征，比如，用什么样的方法可以让自己从低迷的状态中走出来。虽然你通过有限的经验样本用交叉类比的方式提炼出来的知识未必是科学的、完整的，但总比原始的经验前进了一步，开始向结构化的知识迈进，未来再逐步迭代和完善。

第5章

学习在对话中发生

学习可以理解为个体在脑中形成并持续迭代关于外部世界的内部模型的过程。学习者从外界获得信息、知识、反馈，在个体内在把自己的旧知与经验和新吸收的信息与知识做整合建构，再通过潜意识创造把自己建构的知识创造性地应用于新的问题、新的场景，最后在个体间把自己的创造输出、表现出去，这个表现能带来新的个体间的反馈，反馈就会再引发新一轮的吸收、建构、创造、表现的学习过程。ACCP 模型整合了意识学习和潜意识学习、个体内学习和个体间学习，其关键在于两种对话：个体间对话和个体内的对话。维果茨基说："**语言既是沟通的工具，更是思维的工具**。"与别人的外在对话叫沟通，与自己的内在对话是思维。《礼记·大学》里说："如切如磋者，道学也，如琢如磨者，自修也。"**切磋就是个体间的沟通交流；琢磨则是个体内的思考省察**。学习过程在学习者的内在分两个步骤，第一步叫信息获取，第二步叫吸收转化。信息获取靠个体间对话，吸收转化靠个体内对话。个体间对话是手段，目的是引发个体内对话，个体内对话才是学习发生的关键。建构主义大师杰根说："我说的每一句话都没有意义，除非你认为他有意义。反过来也一样。"无论别人说什么，信不信、用不用、改变不改变的最终决定权都在你手上。ACCP循环的本质是外在对话与内在对话相互促进的循环。

对话中的ACCP循环

对话，能充分地激活大脑的五大网络。假如你现在正和另一个人一对一地对话，你的注意力一定是有很大一部分都倾注在对方身上。因为一旦处在对话中，你不知道对方会说什么，对方说的每一句话对你而言都是新鲜的，你根本没有预先准备的时间，所以你的大脑必须即时应对这些不确定的情形。这就逼着你走出舒适区，你大脑的五大网络就被充分激活了，你的高级机能就开始工作了。因此，我总结了一句话："**不对话，就退化，学习要在对话中发生。**"

作为培训领域的专家，我经常给企业做培训，但常常会遇到一些对培训不太懂行的甲方，他们经常提这样的要求："田老师，请您给我们的学生讲干货。"我会告诉他们，让我这样常年站在培训一线的老师在课堂上讲干货太容易了，我可以在梦游的状态下"讲干货"一讲一早上，只要开个头，后面的内容就排山倒海一样涌出来了，因为每一段我都讲过很多很多遍。但是这种讲干货的方式，使得我自己的大脑高级机能没有得到充分的激活，所有讲干货的内容只是激活了我大脑里记忆区的一小块脑区。这样宣贯式的上课方式，老师的大脑高级机能不能被充分激活，作为镜像的学生的大脑也同样不会被充分激活。只有对话式的课堂，师生在对话过程中才能互相激活大脑的高级机能，才能充分激活大脑的五大网络，双双走出学习的舒适区。

前面我们讲了学习力加速的 ACCP 循环模型，认为学习过程是从"吸收"到"建构"，再从"创造"到"表现"，再从"表现"获得反馈回到"吸收"的一个闭环。ACCP 循环模型和大脑的五大网络有对应关系，感知网络负责"吸收"，联想网络和决策网络对"建构"环节、"创造"环节交替产生作用，反应网络负责"表现"，学习网络负责整个过程的调控。当我们处于对话情形下，对话双方的 ACCP 循环就自动地转起来了：你的"表现"就成为我的"吸收"，我的"表现"就成为你的"吸收"，然后在各自内部进行着"建构"和"创造"。这就像两人打羽毛球，我发球、你接球，你发球、我接球。但是不管是谁发还是谁接，都能够把对方大脑的五大网络充分激活。

通过对话激活了大脑的五大网络，也就充分调动了意识和潜意识的注意力。五大网络中每一个网络都有意识部分和潜意识部分，意识部分是思维参与，潜意识部分是自动化程序参与。因此，对话过程中的 ACCP 循环，有两个层次的理解：第一，听对话的内容，只是意识层面的"吸收"，我吸收的是感知你发来的信息，我思考你说了什么只是一个思维活动；第二，感受对方的状态，则是潜意识层面的"吸收"，我感受你怎么说是潜意识在自动搜集数据以对对方的状态做判断。也就是说，"吸收—建构—创造—表现—再吸收"这个循环其实是一个立体架构，包括了意识层面的循环和潜意识层面的循环，这两层是并行的。就以"吸收"为例，你在听对方说什么的时候，同时也在感受对方怎么说，而且你自己内在的意识和潜意识同时在不断地对话，把意识理解的信息和潜意识感受的能量来做对比，看对方说的和你潜意识感受的一样不一样。

所以两个人的对话过程其实相当复杂，对话双方都在做 ACCP 循环。对方五大网络的意识层面和潜意识层面都被激活了，而且意识层面和潜意识层面之间也在对话，因为它们本来就包含在五大网络的每一个网络里。反过来自己也一样，意识被激活了，潜意识也被激活了，自己还会不断地把潜意识层面自动化捕捉到的那些东西拿给意识去加工，当然意识也可以给潜意识下指令。这也提示我们，当我们在与别人对话的时候，我们内在的意识和潜意识同时在对话，这也意味着我们与任何人打交道的同时也都是跟自己打交道。概括来讲，在对话的过程中，我们个体间的对话和个体内的对话在同时进行。

不妨这样做一个思想实验：想象一下，在你和别人对话的时候，你在心里把自己分成两个，一个是旁观的你，也就是觉察的你，另一个是正在参与对话的你。这样，对话就不再是两方的对话，而变成了三方的对话：一个旁观的你，一个参与对话的你和一个参与对话的对方。多做几次这样的自我分解，你会发现，其实所有的两人对话本质上都是三人对话，你那颗觉察的心一直都在那里。这是一个很好的刻意练习觉察能力的方法。你可以用旁观者的视角看两个人的对话，自我觉察能力是人类独有的天赋，是典型的大脑高级机能。

在对话中捕捉信息流与能量流

一旦处在对话的过程中，我们的意识和潜意识就会全面启动，对方的意识和潜意识也会全面启动。我们会发现，意识、信息和知识是同一个范畴的概念，都意味着我们要用意识来加工，这都是认知脑的事情，因为意识的工作方式是思维，思维能够处理信息，没有结构化的信息，就没办法用思维来加工。反过来，我们还有一些潜意识的程序和算法也同时在工作，接收和处理那些无序的、无形的东西，是由情感脑和行为脑参与的。我们把前者称为"信息流"，把后者称为"能量流"。信息流好理解，那就是对话中的语义部分，它是意识层面的，用的更多的是思维，传递的是思想。什么是能量流呢？前面所说的"状态"就是能量流，是一种情绪情感的流动，它更多的是潜意识层面的，传递的是一种感受。

有的人会问什么叫能量？这个词太抽象了，从某种意义上来讲，物质、信息等所有东西都是能量，爱因斯坦的质能公式已经把物质和能量的边界打通，这是泛能量的概念。我们在分析对话过程所说的能量，则是狭义的概念，指的是对话中传递的那些非语言、非结构化的、无形的信号。比如，我在听你说什么的时候，也在感受你怎么说，包括对你的肢体语言的解读，对你的情绪及情感表达的解读，对你的语调、语速、语气的解读，对你的气场的解读，判断你是自信还是不自信、你是喜悦还是沮丧、你是平静还是激动等。所有这些东西没办法用语言描述，却可以分分秒秒地从你的状态中感受得到。所以，我们在定义什么是气场时，可以说："气场就是一个人潜意识状态的外在流露，它用语言说不清楚，因为能说清楚的就变成知识了。"

有一次我去大礼堂听一个特别有名的大咖做主题演讲，现场有数百号人。听完之后散场，我就随着熙熙攘攘的人群往外走。就在这时，我听到前面有两个听众在议论这个演讲。其中一个问："你觉得这大咖讲得怎么样？"另外一个就回答说："这狗东西讲得不错。"我当时就笑了。这个回答太分裂了，"讲得不错"说的是他认可这个大咖的观点以及论述，但"狗东西"指的又是什么感受呢？后来我回想了一下那位大咖的演讲表现，我想应该是那位大咖傲骄无敌的样子、高高在上的姿态让这位观众感到很不舒服。"讲得不错"明显是他的意识得出的结论，而"狗东西"就是他的潜意识表达的感受。

外在对话的时候，信息在交流，同时能量也在交流。内在对话的过程同样也会涉及信息与信息的交流、能量与能量的交流，以及信息转化为能量、能量转化为信息的交互等过程。自我的潜意识把感受到的能量素材交给意识加工，意识得出了一个结论，这就是把能量信息化了；同样，意识也可以把信息素材交给潜意识感受，潜意识反映出感觉，这就是把信息能量化了。这个内在的对话过程对我们来说很重要，我们一定要在人际沟通的过程中去体会"对话即学习""无对话不学习，无学习不对话"。只要是在有效对话，我们的高级机能就会被充分激活，但心不在焉的对话除外。对话过程中，我们可以觉察对话双方的五大网络所激活的数据、算法和模式可能是非常不一样的，于是对方的数据、算法和模式就能够丰富我们自己的数据、算法和模式。这个过程就是学习。在对话中学习，这样我们会学到更多，会有更多的觉察和感悟。

在对话中提升学习力

开发和利用好自己的高级机能，就要尽可能多地让自己处在对话状态，在对话过程中提升自己的学习力。我们大脑最大的特点就是工作即学习，你越使用它，它就能得到更多的养分，更多的养分就使得大脑中某些区块的神经元连接得到滋养，得到更好的成长发育，大脑就在发展。

大脑要获得快速的发展，就需要有丰富多样的刺激，对话就可以做到。比如，作为老师，如果在给学生上课的时候，从头到尾就是按部就班地背书或者念 PPT，那么他的大脑就不会处在学习状态下，因为他和学生没有对话，所以没法在课堂上获取丰富的刺激，他的大脑就没有被充分地激活，意识和潜意识没有交流，大脑的五大网络缺少互动，大脑神经元之间新鲜的连接很少发生，重复是不会产生新东西的。再比如说，很多老年人退休后很少和人交流，出门拎着收音机，回家坐沙发看电视，三年不到就有可能患上老年痴呆等病，因为他们的大脑只是被动地接收信息，只有输入却没有内在对话，无法完成吸收、建构、创造和表现的闭环，高级机能就不可能被充分地激活和开发，这就意味着大脑的萎缩与退化。

"你修身的方向在你优势的阴影里"，这是我经常说的一句金句。你不喜欢的人身上可能存在着你缺失的某种特质，因此如果你能把他当镜子，就能看到自己的短板。当你意识到自己身上的短板是什么时，就可以找到修身的方向，努力让自己变得更好。比如，同一个话题，你发现某人居然是那样想的，居然是那样反应的，与你完全不同。他这些完全不同的想法和反应，就会刺激你思考他的想法和反应。虽然你可能不喜欢他的想法和反应，然而事实上他让你看到了另一个维度，丰富了你对这个主题的认知，增加了你看待这一主题的灵活性。

对话是提高学习力的一个特别重要的方式。但这个"对话"需要泛化，不仅仅指人与人之间的对话，还可以是与人、事、物、梦、己等关系中的广泛对话。比如，与物对话，操作电脑是对话，玩手机也是对话；比如，与事对话，做事情也是对话，等等。在后面的章节中，我会从与书对话、与人对话、与事对话、与众对话、与己对话五个方面拆解如何在这些对话中深化我们的学习，顺应大脑的工作模式，在对话中提升学习力。

理解了对话过程中意识和潜意识、信息流和能量流的关联机制，理解了在对话中提升学习力的必要性，我就建议你实操一次与人对话，但这不是一次普通的对话，而是请你在这次对话中感受信息流和能量流的流动，觉察意识与潜意识的对话，在对话中始终保持觉察。找谁安排这样的对话合适呢？我建议是找同学、找朋友、找同事。以前你与同学、朋友、同事的谈话都是反应性的，对方每说一句话就看成一个刺激，你就无意识地自动产生一个反应，可以说是懵懵懂懂没有觉察的。当你带着觉察再去体会时，就能把"学习在对话中发生"的整个结构在自己的意识中显现出来：意识和潜意识是如何互相勾兑的？信息流和能量流是如何转换的？它们和五大网络是如何配合的？就相当于一次你对对话过程进行的会诊，除了体会对话过程中大脑中的那些细微动作，也许你对自我也会有新的发现和体察。只有有意识地觉察自己的思维，你才能感受到思维的存在。否则的话，你的意识与潜意识，你的信息流与能量流，你的感知网络、联想网络、决策网络、反应网络、学习网络就会像鸭蹼一样连在一起分不清楚，你自己也只能浑浑噩噩地过这一生。

在对话中发展自我

我们是在和与自己相关联的个体间的对话中建立自我的。人在刚生下来的婴儿期并没有建立自我的概念，婴儿觉得自己是和妈妈连在一起的。自我意识是孩子与妈妈及周围的语言和非语言环境的互动中慢慢地建立的，在互动中他发现自己和妈妈是两个不同的个体。这就是说，自我意识的建立其实非常依赖我们跟环境的对话。

我们可以通过一个人的外在表现推测出他小时候的成长环境，因为他的原生家庭环境和童年接触的人与事会无形地影响着他，而且这个影响的效应是非常强的。比如，一个人表现得特别自信，很可能是在他从小到大的成长过程中接受过很多人的鼓励和赞扬，而另一个人表现出自卑，则很可能是他周围的人包括对他特别重要的人都在有意无意地贬损他。自信源于他信，很多人捧你、说你好，你就会相信你自己真的好。比如，我就对我自己的讲课水平特别有自信，外界都称我为名师。我是怎么知道自己讲课水平高的呢？我从娘胎里生下来并没有这样的认知，而是因为我讲的课多了，周围的人给我的反馈多了，很多人都真诚地对我说"你讲得实在是太好了"，很多听过我课的人都给我竖大拇指……这样的反馈多了，我自己就信了。他信强化了自信，在与环境互动的过程中，我们塑造了对自我的认知。

在对话中发展自我，就一定要刻意觉察对话过程，信息流和能量流是怎样接收和加工的，意识和潜意识又是怎样配合形成结论、协同做出决策、共同言行表现的，正是这些个体间对话与个体内对话的长期累积形成了不同个性的自我。

著名教育学家罗伯特·J. 马扎诺基于"人的行为模式"提出了四大系统，分别是自我系统、元认知系统、认知系统、反应系统，自我系统决定是否接受新任务或者继续现有行为，元认知系统建立目标与策略，认知系统处理相关信息，反应系统则产生动作行为。在教育教学中，老师们只关注学生认知系统的发展，往往忽略学生自我系统、元认知系统的发展。自我系统就是学生的核心自我，包含世界观、人生观、价值观，包含对自己是什么样的人的认知。自我系统的发展是和周围环境长期、持续互动的结果。有一句话说得很现实，"你自己的作为就是你朋友圈的平均值"，因为你不可能比环境跨越太多。对于老师而言，如何滋养学生的自我系统，不仅要"教学"，而且要"育人"，是非常重要的课题。对于我们自己来说，在学习过程中建立自我人格，也是非常重要的学习目标。

学会用潜意识工作

我特别喜欢用潜意识工作，这是我个人在学习上的一个重要特征。我经常说，**如果一个人还没学会用潜意识工作的话，那他就还是低段位、低水平的学习者。**

什么叫用潜意识工作？怎么做到用潜意识工作？以我的课堂教学为例。当学生在课堂上问了我一个问题时，对学生而言是他的"表现"，对我来讲则是我的"吸收"。我把问题"吸收"进来，那一瞬间我的大脑一片空白，这时候就得激活自己的联想网络。可以说，学生的问题正是我运用潜意识工作的机会。面对这个问题，也许我的大脑一开始一点思路都没有，但我就敢大胆地说："你提的这个问题我可以从三个方面回答你。"当我说从三个方面回答的时候，其实脑子里连一个方面都没有。但是，"从三个方面回答"就相当于我的意识给自己的潜意识下了一个指令。打一个比方，我的意识就像饭店跑堂的小二，而我的潜意识就是饭店的大厨，小二（意识）对大厨（潜意识）说，客人点了一个鱼香肉丝（"从三个方面回答"），大厨就赶紧找主菜、配菜、配料，然后上锅炒制、装盘。潜意识就从知识和经验数据库里去搜索、联想、整合，然后决策和反应。在说"你提的这个问题我可以从三个方面回答你"这句话的时候，语速一定要慢一些，说完还要沉默一段时间，因为要给潜意识留下反应的时间。一个沉默的间隙，忽忽悠悠地，潜意识就冒出来第一点。当我把第一点讲完的时候，第二点也就自己冒出来了。当我把第二点讲完的时候，第三点也就冒出来了。甚至有时候这三点还不够，还有一点两点也很重要，那我就再补充一两点。下课以后我就会复盘我和学生的这次对答，我会觉得自己收获巨大，正是因为学生的提问，激活了我自己大脑中沉睡的知识、经验和模式，让我有机会用潜意识把那些散落在大脑各处的碎片化经验和模式整合成一种结构化的知识表现出来。这就是大脑潜意识工作的过程和原理。

懂得用潜意识工作的这个原理，我们就可以主动创造驱动潜意识工作的机会，在工作和生活中给潜意识发出"点菜"的指令，让潜意识酝酿生产。比如，你想写一篇文章，但还没有完整的思路，那就先把文章的主题定好，然后就把这个主题当作"点菜"指令发给自己的潜意识，然后就可以干别的去了，给足潜意识酝酿的时间和空间。过一段时间后，当我们重新坐下去写的时候，就会发现潜意识早在后台捋得好好的了，这个主题下面怎么铺排结构、选用哪些素材、采用哪种风格等都想得差不多了。所以，写作也好、演讲也好、授课也好、设计也好，很多工作我们都可以把潜意识用得恰到好处。

学习在对话中发生

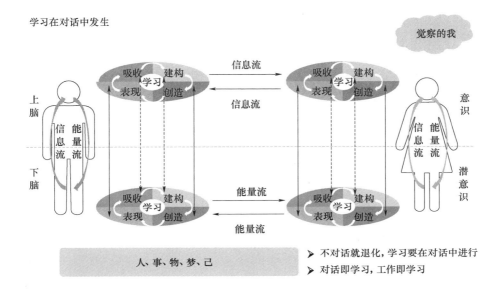

➤ 不对话就退化，学习要在对话中进行
➤ 对话即学习，工作即学习

作为练习，读者朋友可以刻意觉察自己与他人的对话，体悟一下学习是如何在对话中产生的。你可以尝试刻意觉察自己与他人的对话，感受外在对话与内在对话的相互促进，尤其注意对话中的信息流与能量流、意识与潜意识的协作。对话之后，请反思以下问题。

（1）这一次对话，你捕捉到的信息流是什么？

（2）这一次对话，你捕捉到的能量流是什么？

（3）这一次对话，你的意识是怎么给潜意识下指令的？

（4）这一次对话，潜意识又怎么支撑意识的？

（5）这一次对话，意识和潜意识有没有矛盾之处，或者有没有共鸣之处？那么这个矛盾和共鸣到底是怎么工作的？

实践篇

当我们理解了 ACCP 循环模型、五大网络立体学习、意识与潜意识的工作原理、信息流与能量流的流动与转换以后，就会发现，在任何场景下都是在学习，都是在开发自己。工作即学习，生活即学习，对话即学习。"理论篇"已经将学习力跃迁的理念部分讲完了。但是，理论都是抽象的，我们又该如何在工作、生活、学习等具体的场景中有效运用呢？接下来的章节里会讲：与书对话、与人对话、与事对话、与众对话、与己对话，就是借助不同场景下的实践，让大家更深刻地理解五大网络、ACCP 循环模型的工作原理，并能够利用学习力跃迁的底层原理指导不同场景下的对话，开发自己、发展自己。

第6章

与书对话：领悟了的知识才属于自己

▲

现代人每天都会自觉或不自觉地阅读大量的读物。遗憾的是，多数人的阅读效果并不理想——阅读量很大，但从中能学到的却不多，阅读仅仅是消遣的手段。处在信息爆炸的时代，面对呈指数级增长的知识和信息，提升人们的阅读能力显得非常迫切。我们必须从更高的维度来审视读书这项活动：在阅读时我们大脑的五大网络是怎么协同工作的？读什么样的书才能够开发和滋养我们大脑中不同的网络？有没有一些专家级的读书方法呢？

读书的ACCP循环

人类这个物种在地球上已经存在了几百万年，而人类有文字的历史不过几千年。从遗传进化的角度看，阅读并非大脑已经进化好的、生来就预置的本能。或者说，大脑并非专为阅读而设计的。所有人的阅读能力都是后天学习和开发的，因此有的人有开发、有的人没有开发，有的人开发得好、有的人则开发得不好。我们的确能够发现生活中有一些人读书就是读得又快又好，而另外一些人则视读书为畏途。这反映的就是读书这一活动对不同人的大脑的五大网络的开发程度。看似轻松的阅读背后，却有着非常复杂的心理过程，这是大脑多种机能综合运用的过程，需要多个器官的完美配合才能完成。

■ 读书是为了建构自己的思想

任何人读书的本质都是与书对话，书中的文字无非就是启动我们内在对话的线索。读书的过程，一定会涉及大脑五大网络的协同工作。当文字线索通过阅读这种感知方式"吸收"进大脑时，我们的大脑就会结合我们的旧知与经验，将新知和旧知整合成我们个人版本的认知，这就是 ACCP 循环里面的"建构"。从"吸收"到"建构"，这个过程主要激活的是感知网络和联想网络。

仔细观察读书这个行为，我们会发现，有的人是一个字一个字地读也未必能抓住文字的准确意思，而有的人则是一目十行地读，还能快速地知道一段文字的大概意思，这就是他们大脑感知网络的工作方式的不同。如果用 ACCP 循环模型来看，这也反映了他们"吸收"模式的不同。阅读的感知网络背后的成分技能很多，按照顺序包括：视觉加工，眼睛看到文字后把视觉信号传输给大脑去快速辨认字词；听觉加工，大脑的语音加工区也会在阅读过程中被激活，阅读过程也是内在对话的过程；视觉和听觉的整合，就是把视觉加工的字形和听觉加工的语音对应起来，这是单词解码的过程；语义加工，得到解码后大脑的语义网络和概念图式都会被激活，让大脑通过语义和图式真正懂得文字的含义；理解过程，把这一系列脑内活动的结果转入联想网络去进一步加工。要练就一目十行的读书本领，上面这一系列的成分技能都需要提升。

读书过程中的感知网络有一个非常重要的点需要留意，就是在阅读文字时不仅要能读出文字表达出来的信息，更要能透过文字读出其背后的能量。在一个句子中，主语、谓语、宾语主要是传达信息的，而那些定语、状语、补语，那些形容词、副词等往往是描述性的，要表达的往往是能量。在一段文字、一本书，作者反复强调什么观点、着重流露什么情感、行文体现什么思维模式，这也都是文字背后的能量表达的线索。如果你以前读书的时候没有关注能量这个维度，或者根本读不出能量来，就说明你的感知网络还需要刻意练习。

《论语》有一段文字："在陈绝粮，从者病，莫能兴。子路愠，见曰：'君子亦有穷乎？'子曰：'君子固穷，小人穷斯滥矣。'"意思是：孔子在陈国断了粮食，跟从的人都饿病了，躺着不能起来。子路生气地来见孔子说："作为君子，也会有困窘到没有办法的时候吗？"孔子回答他说："君子在困窘时仍能固守正道，但小人一遇到困窘就会胡作非为。"读这段话，就不能只读文字表达的信息：孔子一行碰到了困难，子路熬不过去质问孔子，孔子说即使这样也得当君子。我们需要读出这段文字背后的能量来："在陈绝粮，从者病，莫能兴"三个状态表达的是当时情境的紧迫性，一群心怀天下的儒者就要被饿死了，他们该如何选择？子路"愠"见孔子，什么是"愠"？就是想不通，带着怒气和怨气。"君子亦有穷乎"中的"亦"，表达的正是子路想不通的地方——我们学习当君子，不就是想要通达吗，为什么也会陷入穷途呢？孔子的回答里两个有强烈对比的修饰词——"固"和"滥"，对君子和小人再次做了对比，不论是谁都可能遇到穷途，君子虽遇穷途但能固守正道，小人遇到穷途就会胡作非为，君子和小人的区别就在于对于信仰的坚守程度。千载之后读这句"君子固穷，小人穷斯滥矣"，仍然能感受到那股坚守正道的强大能量扑面而来。

在"吸收"书里的内容到大脑里之后，接下来最重要的一步就是让这些内容激发什么样的联想，激活哪些旧知与经验，只有如此才能进行旧知和新知关联整合的"建构"。但是每个人联想网络的旧数据库是完全不同的，所以不同的人读同样一本书的关注点也不尽相同，就好比"一千个人的眼里就有一千个哈姆雷特"，因此《道德经》里的同一句话不同的人就会有不同的解读。每个人的联想网络的联想偏好也不同，有的人偏好激活感性的经验，有的人则偏好激活理性的结构，这也是造成差别的重要原因之一。我经常在自己读完一本书后听另外一些专家解读这本书，我会发现我们之间抓的重点非常不一样，甚至像读的是完全不同的两本书。我自己隔一段时间重读一本书，会发现自己第二遍看和第一遍看抓的重点也很不一样。人和人的联想网络不一样，个人的联想网络也是随着时间发展的。

旧知是消化新知的酶，所有书中读到的新知，都需要我们用旧知作为媒介去消化。有些书你现在读不懂，那是因为你暂时还不具备消化这本书的"酶"，你和这本书之间暂时没有"缘分"，可以放一放、等一等，过一段时间、多一些经历、多一些知识积累后再读、再消化，也许你就读懂了。所以有一句话说"书是藏秘密的"，我深以为然，人和书之间需要匹配，当你自己的知识积累没有达到这本书的高度时，这本书里所有的东西对你而言都是"秘密"，而解开"秘密"的钥匙只能是你在这个领域里持续的积累。懂得这个道理，所以我就有一个习惯，就是读那些国学经典，比如我推荐给学生十本必读国学经典——《易经》《论语》《孟子》《道德经》《庄子》《金刚经》《坛经》《近思录》《传习录》《黄帝内经》，每过一年半载我都得重读一遍，原因就是我觉得自己的"酶"经过时间的"发酵"后已经又不一样了，再读它们就会读出不一样的感觉。其实所谓经典的"经"，就是指那些恒常不变的东西，所以经典值得我们常读。我很赞同北大杨立华教授的一句话：**"阅读经典本身不应该作为手段，而是应该理解为目的。"**我们的阅读不能只是轻松愉悦的消费式阅读，对于想要深度开发自己的人而言，更需要有很多艰深的阅读，因为只有在这种艰深的阅读过程中，才能尽最大可能地激活你的五大网络的协同能力，从而开发你的大脑，于是这种艰深的阅读本身就变成了开发大脑、发展自己的过程，手段和目的就合一了。

■ 开始于阅读，终止于行动

亨利·戴维·梭罗说过："一本真正的好书，其价值不仅仅在阅读上，必须将其放在一边，按照书中所说的行动。正所谓，开始于阅读，终止于行动。"千万不要认为读书从吸收到建构成自己个人版本的知识就算结束了。读书绝不是一个被动的接收工作，ACCP循环的AC过后一定要接着做CP，也就是从创造到表现。

读书不仅仅是领悟，更重要的是可以创造。我的读书观很现实，我认为读书最切实的目的有两个：一个是借以建构自己的思想，另一个是寻求解决某个问题的答案。阅读是建构自己思想的手段，书是借以建构思想的工具。虽然我可以快速阅读，但是我也经常在阅读到书中某处时，结合自己的经验或工作任务陷入深思，并通过批注把自己延展的思考都写下来，批注完了还会折角。我在读书的过程中，时时在想，书中的哪些内容、哪些观点、哪些方法能够变通地、创造性地应用到我的课堂上、我的工作中。也许书中作者的某一个灵感、某一条金句就有可能激发我们潜意识层面的一个问题。也许我对曾经的一次课堂问答结果不是很满意，但是当时也没有找到更满意的回答方法，突然这本书上面的一句话就激发了我的灵感，我就想到了之前的问答场景，然后我的大脑就开始"彩排"了，下一次再遇到有人问这个问题时我就可以这样去回答。这个过程就是"创造"。我常常用批注的方式把读书过程中的"创造"记录下来。

创造完了以后，更关键的是应用。宋代吕祖谦曾说过："人二三十年读圣人书，一旦遇事，便与里巷人无异，只缘读书不作有用看故也。"他的意思就是很多人读书只有吸收、建构却没有创造、表现。著名哲学家维特根斯坦也对学生说过："学哲学，但在日常生活中不用，那你学哲学有什么意义呢？"他特别强调的也是读书之后在生活中的应用。所以在读书的ACCP循环的创造阶段，就要根据自己的学习、生活、工作场景对知识做创造性的加工和适应性的改造，为下一步的应用打好基础。清末名臣左宗棠就讲过自己的读书法："读书时，须细看古人处一事，接一物，是如何思量？如何气象？及自己处事接物时，又细心将古人比拟。设若古人当此，其措置之法，当是如何？我自己任性为之，又当如何？然后自己过错始见，古人道理始出。断不可以古人之书，与自己处事接物为两事。"他就指出读书的目标是应用，在读书的过程中就要锻炼自己的头脑为未来可能场景下的应用做好准备。

没有应用过的知识多半都不真正属于你。纸上得来终觉浅，绝知此事要躬行。读书的ACCP循环的最终"表现"就是"刻意应用"。"刻意应用"就是想方设法把自己最新的读书心得、实践感悟运用到自己的工作与生活实际中去。对于想要在某个领域有所建树的读者来说，很多理论、方法的源头多是读书读来的，但是要把它们都发展成为自己的理论，就要敢于刻意应用。如果用得灵，果然如书上所说，就把这个理论、方法闭环，闭环了就可以继续升华；如果用得不灵，那就去仔细地复盘，看哪些地方还要再改一改、变一变，下次再用用试试。所有的理论要能变得有用，都必须结合自己的实践。如果每次刻意运用后都做复盘迭代，久而久之，这个东西就会化成自己的了。

很多人听过我的课之后，都惊讶于我在课堂上层出不穷的金句、恰到好处的国学词句的引用，大家都以为我会辛苦地背这些金句、这些国学内容，但实际上我的办法是以用促学。我会把书上读到的东西和自己的感悟刻意地结合起来，这个课程用一遍，那个课程用一遍，只要能够在课堂上引用三遍以上，自然而然就记住了。课堂上不仅是老师给学生讲，其实老师自己也是在讲给自己听。而且有当时的课堂情境背书，附带较强的情感能量，当未来遇到类似的情境时，这些金句、国学词句就会无意识地从大脑里往外弹，这就证明这些新内容已经结结实实地成为我自己的了。

阅读技能需要刻意练习

理论上讲，全世界每一个有文化的人都可以是知识和信息的生产者，而互联网又能够方便地把个人生产的知识和信息共享到网上，每个人每天都面对着海量的信息。当知识和信息呈指数级增长的时候，个体对信息处理的能力的提高却有限，这个趋势将会越来越严重。

尽管今天我们可以依赖搜索引擎方便地得到自己想要的知识和信息，但要建构自己的认知框架和精神结构，仍需要依靠大脑的加工处理能力。搜索引擎虽然是可利用的资源，却不能代替大脑。在互联网飞速发展的今天，假如有人要把每天推送在手机上的所有信息一字不落地阅读一遍，恐怕每天 24 小时不吃、不喝、不睡也难以完成。互联网为人们提供了学习间接知识的便利，没有什么时代能像今天这样可以方便地获取各个领域的知识。知识获取的便利性解决了，那么最大的瓶颈就是人类处理和加工知识的能力。

人类的文明史不过数千年，而阅读并非大脑已经进化好的、生来就预置的本能。大脑并不是为阅读而设计的。阅读时人要有机地整合多个独立的大脑神经系统的功能。看似轻松的阅读，背后却有着非常复杂的过程。在阅读过程中，人们不但要根据印刷文字的形状匹配文字的语音，还要快速地找到文字的意义，把文字的形状、语音和意义三者准确地匹配起来，并结合上下文理解整句或全文的意思。阅读过程是大脑多种机能的综合运用，需要多个器官的完美配合才能完成。因此，阅读能力的形成需要大量的练习，不仅要训练阅读所需的每个神经系统的功能，而且要将各个神经系统的功能在阅读过程中进行有机整合。小学生阅读多用默读，内心要读出每个字的读音；而成年人阅读则不需要默读。阅读外语时通常要读出读音然后再思考其意思，而阅读母语则不需要这样。这些现象都说明，阅读能力是需要后天持续强化练习的。

我一直热爱阅读，但在2009年之前并没得法，那时能做到一周读完一本书都沾沾自喜，还自恃博学多才。有一天，我跟一位更博学的朋友聊天，惊奇地发现我读过的大多数书他都读过，我没读过的书他也读了很多。当时我觉得自己花在阅读上的时间已经足够多了，难道他花得比我还多？我好奇地问他怎么有时间读那么多书，他分享说："读书其实是有方法的，而且可以练习，越练习效率越高。"之后，他向我推荐了《如何阅读一本书》。

《如何阅读一本书》的作者莫提默·J.艾德勒曾经是《大英百科全书》的编辑指导。编《大英百科全书》确实需要海量的阅读，我相信莫提默的总结是实践中的总结。《如何阅读一本书》自1940年出版以来，影响了几代人。多年前我看到此书，启发非常大，开始刻意训练自己的阅读能力，最直接的受益是读书速度至少提高一倍。从学习的角度看，这本书的学习也成为我有效学习的典范——理解并付诸实践，最终促成实质性改变。

回过头来看，莫提默给我最大的启发有两点。一是快速阅读，二是主题阅读。多数人读书习惯是逐字阅读，所以速度上不去，今天读几页，明天读几页，总是读读停停，一两个星期才读一本书的三分之一，不仅思路的连贯性很受影响，而且缺乏阅读的成就感，中途放弃的概率很大，很多人读书都是读一个开头就放弃了。我现在阅读一本两三百页的书，通常花 2~4 个小时一口气就能读完，从北京飞西安的飞机上，我就能读完一本书。早上七点半到办公室，赶九点钟开会，一本书便可能阅读过半，晚餐后到睡觉前，一口气把剩下的一半读完，如果没有应酬，一天读完一本书还不耽误工作。怎样才能做到如此高效地阅读呢？

首先需要提升视觉加工能力，视觉扫描策略很重要，阅读一行字视觉中心会有 2~3 次转移，每次视觉中心的转移要覆盖十多个字，甚至伴随视觉中心转移眼睛的余光还会兼顾到下一行部分的信息。一般人会一字不落地读书，我并不逐字阅读，而是通常用 3 次视觉转移关注的重点词汇来建构整句的意思。万一没读懂也不返回去重新读，而是等整段读完之后再试图结合上下文理解整段意思。我经常开玩笑说：隔一个词读一个词，甚至隔一行读一行，偶尔还可以整段划过，阅读的速度可能是以前的 4 倍，读一本书只需要以前四分之一到八分之一的时间，但获取的信息却可以是逐字逐句读的一半以上，毫无疑问，这种读书方法的投入产出比更高。读多了就会发现，并不是所有字包含的信息量是一样的，一般段首、段尾，页首、页尾比较重要，核心观点前面都有"认为""所以""总之"之类的词语提示。读出感觉了，书上的重要信息就自己往你眼里跳，甚至第六感也参与到阅读中来了。更重要的是，快速阅读能够给人很好的连贯性和成就感，思路不被打断地掌握一本书的大概内容，集中精力 1 小时，哇，握到手上厚厚的一沓已经读过，非常有成就感。读书也跟微信运动一样需要看板管理，所以，页码的进展跟步行的步数一样，对人有很大的激励作用。

其次，不动笔墨不看书。阅读时手上拿一支笔，随时标记关键信息，有特别好的词句还要重点批注，顺手折页窝角。看完一本书后，把书合上，过一遍电影，或者返回去快速回顾那些折页重点。多数时候，我会在书的最后一页的空白纸上为我标注的重点内容建立一个索引。如"P95，视觉词形区"，提醒自己该内容在书中的位置。譬如明天要讲课，隐约觉得要引用大概十几本书的内容，我会把这十几本书都找来，直接先翻到每本书的最后看当初读书的索引，找到可能要引用的知识条目，直奔主题去看。这样，我把十几本书翻完大概只需要一两个小时。

有人说我这样读书有囫囵吞枣的嫌疑。我认为，现代人写的书不像古文那样字字珠玑，不容囫囵。信息量实在是太大了，花尽可能少的时间掌握每本书的大概也就够了，毕竟可选择的余地很大，掌握大概内容总比读读停停最后放弃要好。再说，如果匆匆读完之后，发现这本书确实写得很好，当然还可以读第二遍、第三遍，还可以精读。

这种方法固然不如逐字逐句读得仔细，难免有信息遗漏，但是投入产出比高。更何况很多书的核心观点本来就不多，作者通常会多次强调，你已经把握了核心观点，那些反复强调、不断渲染的细节漏掉也无伤大雅，不耽误理解。

看似轻松的阅读却是一件非常复杂的综合性脑力活动，背后涉及非常复杂的多种高级思维系统的配合。阅读能力的提升，需要长期坚持训练。练习阅读和练习盲打类似，功夫下够了，这些复杂的高级思维活动就会自动整合。阅读技能的提升是一个循序渐进的过程，从看图识字到拼音阅读，从逐字朗读到阅读，再到检视阅读，每一步都需要大量的练习。好消息是，大脑的自动整合一旦形成，人们不仅不会感觉到阅读的辛苦，反而会享受阅读带来的无限乐趣。快速阅读需要较长时间的刻意训练。越训练读书的感觉越好（其实任何事情都是如此，写书也一样），效率越高。

借助针对性阅读发展五大网络

除了读书的过程和方法，不同的书的不同内容也可以滋养我们大脑的五大网络。我们完全可以根据我们自己大脑的五大网络的开发需要有针对性地选书读。那么我们究竟要读什么样的书呢？其实在很多情况下，我们越不爱读的那些书往往正是我们需要的。从认知心理学的角度看，大脑的劣势脑在哪里，就越需要去开发哪里。为什么有很多人讲故事显得干巴巴的？很有可能是他太注重逻辑思维，所以大脑的决策网络很发达，但是他的联想网络缺乏很多感性的元素。想要改变这种状况，就需要他主动用感知网络搜集更多的感性内容来丰富自己的数据库，多读文学作品就是一个不错的选择。我在早年的时候读书就非常功利，很少读小说，总觉得小说都是编的，读小说不如多读些历史书、工具书。后来我才明白，从开发自己大脑的需要出发，就得回头补课。不同书的内容，作用在我们大脑的网络上产生的效果是不同的。当然，所有的书都会同时激活大脑的五大网络，只是从内容滋养的角度看，更侧重激活哪个网络。

我们常说：文如其人。你完全可以透过作品感受作者的性格和用脑习惯。庄子的文章总是天马行空、气势磅礴，显然联想网络发达，决策网络通达。而孟子则思辨能力极强，决策网络务实。每个人都可以根据自己的发展需要有意识地选书或交友，跨时空借力，把自己修得更综合、更全面。

假如想要提升感知网络的感受能力，能够透过文字读出背后的能量，包括感觉、情感等那些用语言表达出不来的东西，那最好的选择是读文学作品，包括小说、诗词等。比如，我就喜欢读《聊斋志异》，在一篇篇的故事中，作者蒲松龄不仅仅是在表达他的思想，更重要的是他用生动丰富的语言让人进入一种画面里去体验某种情感。还有很多经典的大部头小说，作品里有各种人物经历、场景冲突、世事变迁，蕴含着很多精神，只有我们的心灵多被这些真善美的精神所滋养，才会生出对真善美的直觉来。读《三国演义》可以感知天下大势，读《红楼梦》可以感知儿女情长，读《水浒传》可以感知江湖侠义，读《西游记》可以感知超凡脱俗。读诗词也很有用，史家不幸诗家兴，诗人本身就具有敏感度高、感知联想能力强的特质，李白的洒脱浪漫、杜甫的现实悲悯、王维的清幽淡雅、苏东坡的旷达豪情，都能给我们带来很多滋养。

假如想要提升联想网络的正向联想习惯，就可以选择读那些特别有上进心、特别有正能量的作品，包括小说、人物传记等。比如《苏东坡传》《曾国藩传》《乔布斯传》等，我们能从主人公的人生故事中抓到好多影响他们成功、成才、成事的关键的精神力量，他们在人生的关键时刻是怎么思考的，他们又是如何走出人生的低谷的。当这些故事积累得多了，我们的联想网络就会自动把这些故事加工成积极思维的算法，让我们得以改变。假如想要提升联想网络中的知识数据库，那就有必要多读专业知识类的书籍，特别是想在某个专业领域有些建树的读者，更需要在专业书籍上有大量的积累。刚开始的专业书籍阅读一定很艰难，但好消息是，你读得越多，消化专业知识的"酶"就越多，就会越读越快、越读越专。当然，一些跨界的书、杂书也很有必要读，学习不仅需要深度，也需要广度，这些书能帮助我们拓展联想边界，或许不经意间就埋下触类旁通的种子。

查理·芒格曾提道："作为一个成功的人，脑子里必须有上百个模型。"假如想要提升决策网络的效率，就得大量地阅读思维模型方面的书籍。所有的模型都是帮助思维的，都是支持决策网络的。也有很多人比较感性，理性的逻辑思维能力就相对较弱。我推荐读《金字塔原理》《批判性思维》等一些专门讲逻辑思维的书籍，虽然比较"烧脑"，但掌握了逻辑思维的底层原理还是非常有助于滋养我们的决策网络的发展的，同时能促进系统规范的思维训练，提升思维水平。读一些哲学方面的书也是一个很好的选择，包括国学经典、西方哲学等。

假如想要提升反应网络，就需要读一些工具与方法论的书，有现成的流程、框架可以参考借鉴。还可以读演讲口才、表达技巧、写作方法方面的书，提高文字、语言输出的能力在这个时代也非常重要。想提升演讲技巧，也可以有针对性地听一些相声、评书或看一下经典的影视剧。我们每天都有大量的决策和行为是潜意识自动完成的，我们的身体比想象得智能得多。《身心合一的奇迹力量》《身体从未忘记》等书解释了身体的智慧。对于提升反应网络，仅仅读书是不够的，必须把所提到的工具和方法应用到工作及生活实际中去，并且通过刻意练习将其变成反应网络自动化的处理程序。

假如想要提升学习网络，最好是读心理学、教育学、脑科学、学习科学等方面的书，甚至可以读一些计算机、大数据、人工智能等方面的书，借鉴 AI 学习方法，反思自身学习机制。也可以读一些人物传记，因为很多大家都是学习专家，是我们学习的榜样。

以上只是概说，读同样一本书，每个人读到的东西都不一样。读书本质上都是读者用自己的知识结构跟作者之间进行的一种对话。

高阶阅读策略

世界上写过书的人其实是少数，大多数人终其一生也没写过书。作者写书一定是把他人生的经历、思想的精华写到书里，因为写一本书要花费大量的时间和精力。然而，作为读者，读得快的人只需要两三个小时就能读完一本书，即便得不到作者经历的全部，也能知道了大概，让我们在人生道路上少走很多弯路。**读书是投资回报率最高的学习活动，真正的专家没有一个是不爱阅读的。**所以不管阅读再难，也要把阅读作为最重要的一项刻意练习。

■ 有目标地主题阅读

《如何阅读一本书》给我的第二大收获就是学会了主题阅读。主题阅读的目的很明确，就是要解决某个问题或收集关于某个主题的各种主张。主题阅读的内容不一定都用得上，但至少应该知道在这个领域中有哪些派别，每个派别的基本假设、核心主张是什么，代表人物是谁，这些人做了什么样的实践，有哪些实践性强的著作，市面上有哪些相似的课程，这些课程基于什么理论，课程受众是谁，解决什么问题。在任何一个领域中，要把以上这些问题搞清楚，我的经验是，不阅读三四十本书是不行的。

我曾经做过"态度类的问题该如何教"的主题阅读，读了至少40本书，涉及教学设计类、认知心理学、教育心理学、普通心理学、社会心理学等多个领域。主题阅读不要求把每一本书都读完，只需要把每一本书中和主题相关的内容抽取出来阅读即可。从一本书中能收集到几个好观点就不错了，而对人有启发的观点就更少了，所以就必须用大量的书来做观点的拼图。我2012年开发"幸福在哪里"的课程时，做了关于幸福的主题阅读，读了《积极心理学》《心理资本》等一系列和幸福有关的图书三四十本。每一本未必全部读完，但至少了解了其核心观点。每个观点未必都体现到课程中，但了解这些观点对从容应对课堂上的各类提问很有帮助。

主题阅读最大的困难是，当书读得多了，不同人的观点主张都挤进了我们的大脑中，横七竖八的，有的还互相矛盾，于是就可能出现

"戴了多块表，反倒不知道几点了"的困扰。该如何解决呢？第一步是记录这些观点，可以尝试把每一本书的核心观点做成即时贴，写下观点、论据、案例等简单的索引，以备后面的梳理使用。第二步就是梳理和建构，古人讲"博观约取"，博览群书之后就要试图建构自己的观点。整合不同观点的过程是一个艰苦的理性思维过程，就要使用类比、归纳、因果、问题解决、综合等多种高级思维过程，最后整合成一个更大的框架。我曾经说过，课程开发的过程就是把自己逼疯然后治好的过程，主题阅读也是如此，任何要形成自己体系的事情都需要这样一个过程。

■ 读书，更要读背后的写书人

有句话说得好："读书先读人，治学先治史。"每本书都是作者修为的集中体现。有的书是经验占的比重大，有的书则是理论占的比重大，那这个作者是工匠型的还是学者型的就容易分得清。我们懂得了大脑的五大网络、学习力的 ACCP 循环模型，就可以判断作者自己的五大网络开发得怎么样，是不是一个真正"上下打通"的专家。对人好奇，我们还可以找这些专家的经历去研究，他们经历了什么变成现在的样子的。

我曾经有一段时间在研究存在主义心理治疗，找这个领域中最厉害的专家，欧文·亚隆一定名列前茅。我读了他很多书，就对他个人的经历很好奇：他是怎么成为这个领域的专家的？是什么机缘让他走上了这条研究之路？我就找到了他的回忆录《成为我自己》。这本书就给我很多启发。欧文·亚隆为什么会当医生，就和他小时候的一次经历有关。他14岁的时候，有一天他爸爸得了急性心脏病差点去世，就在那个全家慌乱的当下，来了一位医生镇静地给他爸爸做了一些救治处理，让他爸爸捡回一条命。这个时候他就对那个医生非常感激，从此立志要成为一名医生。那么欧文·亚隆又为什么对文学也这么爱好，还写了很多部小说？这和他医生的身份有很大差距。在书中就可以发现，在他上大学的时候选修了三门跟文学有关的课，有一次他的一份作业被老师大加称赞，对他说："你简直太有文学天赋了，想不想来我们文学院，我们很欢迎你。"从此以后他就喜欢上了文学，而且对文字写作很有信心。通过欧文·亚隆的经历，我就知道——**一个人小时候怎么被对待，他长大了就会成为什么样的人。**所以有时候一个人终其一生的志向，可能来自小时候很小的一些经历碎片。

发现了这种联系，我们就可以知道读人比读书还重要。读书籍背后的人的故事，这些人的成长的故事对我们自己的人格发展会有很大的滋养。所以不要简单地、功利地去读那些浮于表面的东西，一定要品藏在书背后的人，品这个人的成长经历，品这个人的五大网络，品这个人的精神元素。

我们读书一定要读作者背后的能量跟我们自己的能量产生共鸣的地方。我经常说学有三乐：共鸣之乐、重构之乐、关联之乐。当书里面有很多精神"电"着我们的时候，我们跟书之间实际上是建立了一种共鸣。比如《平凡的世界》我就读过好多遍，因为我年轻时的生活环境跟书里主人公的生活环境差不多，很多经历也差不多，所以就特别容易引发我的共鸣，主人公那种积极向上、不被苦难生活压垮的奋斗精神非常鼓舞我，我和书中的能量就产生了共振。

不论是读书背后的人还是读书里的能量，最终这些精神元素都会作用到我们的"自我系统"上，塑造我们的人格。这个读书的境界能让我们收获更多。

■ 谁的解读都不能替代自己读

为了节省时间，很多人喜欢听别人解读书。但是我必须要告诉你的是，谁的解读都不能替代自己读。有句谚语说："**不管你的爷爷多高，你都必须亲自长高。**"千万别以为听了别人的解读就等于读书了，**读书的过程就是读者和作者"对虎符"的过程**，别人的解读就像在读者和作者之间插足进来的第三者。别人的解读是他自己的经历和经验消化后的产物，而你的经历和经验与他很不相同，你怎么知道他能读出来你想从书里得到的东西呢？每个人大脑里的算法和数据都不一样，读同一本书的共鸣点也不一样；每个人的旧知和经验都不一样，对同一本书的建构和理解就不一样。你去读任何书，即便是照着文字念，也都会掺杂自己的一些情感，凸显与自己共鸣的内容，甚至在不同字眼上的语气、声调也和别人不一样，所以任何人对书的解读都不能替代我们自己读。当然，如果听别人解读的目的是帮自己筛选这本书是否值得花时间去读，我觉得这是可以取巧的一个办法。

所有读书的功夫都不会白下。我自己在教学过程中有一个特别强烈的感悟，就是每当我遇到难题的时候，往往就会激活我多年前看过的书里的知识，我称之为"冷数据、远算法、旧情结"，这就让我感到过去的功夫没有白下，过去所有的经历都是有意义的，它们都会在未来的某一个时点不经意地跳出来救我们一命，帮助我们解决难题，不断提升。所以说一定要注重平时的积累，我经常说"**有意识地学，无意识地用**"，读书也是如此，只有平时多积累，关键的时候才可能用得上。如果平时没有积累，到了关键时刻，哪怕你的算法再牛，没有数据也是白搭。而且很多时候，大家都没有算法，这时某个书上的经验就有可能充当"数据即算法"。

■ 好书要反复读

要读经典书。学习的质量取决于你和什么样的人对话，整天和菜鸟对话成长得就慢，和世界级大师对话成长得就快。荀子说："学莫便乎近其人。"**最快的成长方式，就是在物理距离和心理距离上离大师近一点，再近一点。**你没有条件去把一个个大师都拜访一遍，但至少可以很方便地找到这些大师的书，物理距离达不到，就通过读书追求一下和大师贴得更近的心理距离。杨绛说："读书好比串门儿——'隐身'地串门儿。要参见钦佩的老师或拜谒有名的学者，不必事前打招呼求见，也不怕搅扰主人。翻开书面就闯进大门；翻过几页就登堂入室；而且可以经常去。时刻去。如果不得要领，可以不辞而别；或者干脆另找高明，和他对质。"

好书要反复读。反复读经典就是要保持跟这些世界级大师的对话，要试图跟他们思考同样的问题，用同样的方式去思考问题。虽然我提倡的快速读书法，能够帮你快速扩展涉猎面。但我还认为读书既要能快，也要能慢。反复精读能够让你深度理解前人的成果，经典书里的一页纸或半页纸就可能是一个大师一生的研究成果，可不能轻易放过。反复读经典的另一个原因是，你的实践也在持续演进，当你隔一段时间积累了一些经验与知识后，带着这些积累再去书中和大师连接，也许你能获得更深的理解。

学会参照阅读。我还有一个读书的招法，就是对那些特别难读的书，我会买很多本不同作者写的同一主题的书做参照阅读。比如我读《认知心理学》，就买了七八个版本不同作者的书。为什么要参照阅读？首先，一本书的作者往往会在书里掺杂自己的情感好恶、自己的独特视角，可能会影响读者的理解。但如果几本书放一起对比着阅读你就能够把握得更客观一些。其次，只读一个人的书久了会产生审美疲劳，几本书参照着读，不仅可以消除审美疲劳，还可以获得一些额外的收获，比如更全面的视角。

迈向专家的阅读阶梯

史蒂芬·科特勒在他的著作《跨越不可能》中提出从业余到专家需要通读五类书，可以说指明了成长为专业人士的阅读阶梯。首先，是畅销书。畅销书都是大众读物，目的是激发兴趣。其次，是读特定主题的专业点的书，可以理解为某领域内的常识类图书。再次，读略有难度的半技术性读物，深入了解学科思维、专业术语乃至学科发展历史。第四，就要啃真正深奥的专业书了。最后，还要紧跟形势，持续研究专业最前沿的研究成果。我在多个领域验证过这个走向专业之路的阅读次序的科学性。我认为要成为任何领域的专家，都需要啃一些艰涩难懂的专业书籍。专业书籍是业余人士与专业人士之间的鸿沟，啃难懂的书就是成为专业人士的必由之路。

这里重点拆解一下专业书籍的阅读。假如你阅读安德森的《认知心理学》、伍尔福德的《教育心理学》、迈尔斯《心理学》《社会心理学》、曼昆的《经济学》等，一定会觉得这些著作晦涩难懂，因为里面引用了大量的其他人的研究成果，书中的一页纸可能引用的是某位学者毕生的研究成果，背后甚至有好几本专著做支撑！比如，一本《普通心理学》，假如里面引用了100个心理学家的理论，就意味着每一个引用的理论背后都有一本书甚至不止一本书在做支撑，《普通心理学》只是人类在心理学领域探索成果的一个索引而已。你读大咖的作品就会发现，这些大咖之所以成为大咖，是因为他们也博览群书，他们也读了某个领域世界上几乎所有大咖的研究成果。查理·芒格说："我这辈子遇到的来自各行各业的聪明人没有不每天阅读的——一个都没有。巴菲特读书之多，我读书之多，可能会让你感到吃惊。孩子们都笑话我，他们觉得我是一本长了两条腿的书。"

专业书难读懂的很大部分原因是每个专业都树大根深，所以要有耐心地顺藤摸瓜地深挖。我进入某个领域的读书策略是先读该领域知名度最高的大咖写的专业基础书，通过读专业基础书了解对该领域有重大贡献的前辈，再主题阅读，遍览这些前辈们的书之后基本掌握该学科的全貌和学科思维，继而探寻该领域的最新发展和前沿方向。这一系列操作下来，至少要阅读上百本书。

还是以心理学为例，对普通心理学有贡献的大咖，你能不能够列举 50 位？他们姓甚名谁？核心主张是什么？贡献点在哪里？认知心理学领域，你还能不能列出 30 位大咖？教育学和教学设计领域，也各再列 30 个呢？领导力领域、管理学领域、经济学领域，能不能再各列举 30 个？这些大咖叫什么？哪国人？其核心主张是什么？代表作是什么？如果你脑子里始终徘徊着 100 多个世界级大咖的研究成果的话，你自己离大咖也就不远了。我有好多次晚上睡不着，就掰着手指头数那些我了解的大咖，在我睡着之前至少可以列举一百多位。假如讲课，有一百位世界级大咖的研究成果在背后为你撑腰，你的课能不精彩吗？

要钻研到这个程度其实也并不难，最重要的要有持久的积累。任何一个领域，不得不了解的世界级大咖也就是百八十位。心理学是一个非常广泛的领域，不仅研究范围广，而且学派多分支也多，如格式塔心理学、精神分析学派、实验心理学、行为主义学派、认知主义学派，还有教育心理学、消费心理学、犯罪心理学等不同分支。即便这种情况下，你要在心理学领域知道大概 150 位的大咖的理论，你自己就很牛了，那时候你可以吹牛说自己是第 151 个。150 个不就是 150 本书吗？每周读一本，一年也读 50 本书，那不就只要 3 年吗？然后自己边读书，边实践验证，边总结发展，坚持下去必然成为大咖。

各行各业成绩斐然的人并非绝顶聪明的人，而是持之以恒肯下笨功夫的人。大脑的可塑性决定了持之以恒地下功夫必能积累成大咖。正如《中庸》所言："人一能之，己百之；人十能之，己千之。果能此道矣，虽愚必明，虽柔必强。"我说过："**勤能补拙，智不救懒。**"相反，聪明人很容易自恃聪明，不肯下笨功夫。在头脑里简单想想就误以为自己懂了。学习中最大的误区，就是自以为懂了。**理论上，理论和实践没有什么差别；实际上，理论和实践差别很大。**唯有实践才能体悟到理论的真谛。

《光明日报》曾经发表文章提出一个问题：这么多的经济学家缘何出自西北大学？从此，经济学界开始出现了一个名词"何炼成现象"。经济学领域的诸多大家如张维迎、魏杰、刘世锦、王忠民等都是出自何炼成的门下，也难怪已经有人把西北大学经济管理学院誉为"青年经济学家的摇篮"，把何炼成誉为"经济学界的西北王"。何炼成的学生们在学术上的共同点是基础扎实、勇于创新、立足现实、眼光长远。而这些也正是何炼成在培养学生时希望他们达到的目标。

2008年，我有幸在陕西师范大学跟何炼成吃过一回饭，是何老的高足时任陕西师范大学国际商学院院长李忠民安排的。因为我一直热爱教育，所以席间就认真地向何老请教了他培养出这么多高徒的秘诀。何老说："我们很清楚自己在经济学领域很落后，我们不行，但我们知道谁行。所以，我们教育学生的方法是下笨功夫，读经典书——要求学生把经济学领域的全球知名的名家、大家的书读个遍，经典著作还要反复读。我就让学生们反复读这些经济学领域世界名人的作品，读完后让学生讲他们为什么厉害。书读百遍，其意自见。"何老的经验就是要多读书，读经典书。读经典书就是与世界级大师共舞。

何老的一席话对我启发很大。放眼古今，放眼世界，尽管我们自己不行，但我们知道古今中外谁行。读书是另一种交流，读大师的书，跟大师对话，经典常读，博观约取，并逐渐发展出自己的观点与主张。

受何老启发，我后来的工作中，不仅自己博览群书，而且要求下属读经典书。作为一个教育工作者，普通心理学、认知心理学、脑科学、教育心理学、教育学、教学设计原理、教学技术等方面的书不能不看，这个领域的前辈、大家的书不能不看。圣人无常师，所有前辈的实践和理论都值得借鉴学习。经典著作是有限的，而我们求知的欲望是无穷的，用愚公移山的精神坚持下去，成功是迟早的事情。

第7章 与人对话：用他人的阅历滋养自己

不同的人学习风格会不太一样，有的人喜欢读书，而有的人则喜欢读人。我有一个朋友，他说他在大学毕业以后再也没怎么读书，他的主要学习方式是去读人，通过与他人的对话来丰富自己。读书和读人都是学习，但读人要比读书生动得多，毕竟文字是"死"的，而人是"活"的。人和人的对话在我们的日常工作、生活及学习中处处发生、时时发生，但遗憾的是，绝大多数人并不能把这种一对一的交流场景当成学习，没有视其为学习就当然不会从中获益。如果我们能够充分利用大量的一对一交流场景开发彼此的潜能，发展彼此的五大网络，学习机会简直处处皆是，正应了古人说的"处处留心皆学问"，处处留心，处处都可学习。

读人是更便捷的学习法门

　　《礼记·学记》说："独学而无友，则孤陋而寡闻。"

孔子说："三人行必有我师。"又说："益者三友，友直、友谅、友多闻。"真正好的朋友，敢说真话，彼此包容且博学多闻。越高阶的领导，越需要益友。荀子说："学莫便乎近其人。"学习最方便的法门是接近贤者与高人。俗话说："行万里路不如阅人无数，阅人无数不如名师指路。"

■ 向高手学习：少走弯路

雷军成功的秘诀就是善于向高手和过来人学习。上大学时，他给自己定下用两年的时间修完大学四年的学分的宏大目标。要实现这个目标，首先他面临课程选择和学习方法上的难题。为了解决这些难题，他采取了非常聪明的做法：找学长们请教。通过与学长们的交流，雷军获得了很多宝贵的经验和建议。他惊奇地发现自己苦思冥想的问题，其中99%都有标准答案。这段经历使他意识到，即便面对再困难的问题，只要有正确的方法和指导，就能找到解决方案。身边总会有一些懂行的人，他们可能是学长，也可能是老师或是专家。向这些懂行的人请教，可以快速获取解决问题的方法和思路。雷军深知自己能力有限，但他明白通过借鉴他人的经验和智慧，可以更好地应对挑战和解决问题。

这一点在日新月异的互联网时代尤为重要，热点轮转很快，常常一夜之间就兴起一个行业，诞生很多全新的岗位。面对新的领域，大家都是摸石头过河，谁先摸索出规律来谁就成功了，这就很挑战大家的学习力。这种环境下，**两种人最容易成功，一种是善于从经验中总结规律的人，另一种就是善于向头部人员学习的人。**

■ 跨界学习：增长见识

每一个人都存在于特定的时空之中，每一个人背后都有时间以及他所在的那些系统给他带来的烙印，所以我们必须在时空框架下审视一个人。可以说，人人都是特定环境下活出来的一个版本，别人活出了你没机会活出的另一种可能。不要取笑别人，把你放在他的环境下，你也许活得还不如他。也不用羡慕别人，命运给你和他一样的物质基础或特殊机遇你也许比他还成功。同一性隐藏在多样性背后，人性隐藏在遭遇不同、性格各异的人群中，跨界有助于你更好地把握人性。我鼓励大家尽可能多地跨界交流，这样你所"吸收"的刺激才会更加丰富多元，更有利于 ACCP 循环的运作。我经常鼓励四五十岁的职场老鸟多找 90 后、千禧一代交朋友，因为年轻人是时代的窗口，他们身上带着更多新时代的元素，与他们交流可以让你的思想更具活性，他们就可以成为你的"保鲜剂"。同理，职场新人要多与饱经沧桑的老前辈做朋友，因为他们身上有几十年的人生阅历、职场经验，从他们身上学到这些人生阅历、职场经验就会滋养你的未来。如果你是一个"技术男"或者"理工男"，那最好就是跟有一些"文艺范"的人交往。这就是"跨界"。这种跨界交往能够帮助我们更好地打开视野，能够帮助我们更好地去理解和洞察人性。

■ 向性格互补者学习：拓展能力

年轻时，心高气傲，看不惯这个，看不上那个，交的朋友全是跟自己志气相投的同质类朋友。由于自己欣赏自己，人们自然也喜欢和自己相似的人，相似相容是人际交往的重要规律。相似的人自然会形成一个群体，他们会支持自己的群体，我们称之为内群体偏好；反对与自己的群体调性不同的群体，我们称之为外群体贬抑。随着事业的开展，我们越来越需要与不同文化、不同性格、不同价值观的人一起工作，整合差异变得越来越重要！

人的发展是多个维度的，受天赋和早期经历的影响，大脑不同区域的发展程度不同，有人智商高，有人情商高，有人思维敏捷，有人感觉敏锐。上帝给你开了这扇窗，也同时关了那扇门，优势的过度使用也会抑制你其他大脑机能的发展。因此我说："修身的方向在你优势的阴影里，你最不欣赏的人身上往往具备你最缺乏的特质。"我们更应该向与自己风格、气质不同的人学习，正如德韦克教授所言："**人们常常因相似而走在一起，又因为不同而彼此受益！**"

照理说弥补短板的最佳方式是多跟与你优势互补的人交往，相互扬长补短。但现实是物以类聚，人以群分，人们更喜欢与自己同质的人交往，对别人的优势——实则是自己的短板不屑一顾。分明是自己情商太低，却合理化为"咱凭本事吃饭，不溜须拍马"；分明是眼高手低做不来，却合理化为"那些低端的事情，不屑于做"。这种情况下，你不屑的分明是包装后的嫉妒。

■ 向专家学习：探究本质

专家眼里的事物和常人有很大的不同。常人眼里看到的多是表象，专家更能透过现象看本质。各行各业的专家的共性是能够看到表象背后的隐藏层。专家就是五大网络都在隐藏层作业的。这个世界有很多常人看不见的隐藏层，不同领域的专家看到的隐藏层不同，但他们都善于在隐藏层工作，他们的五大网络与常人的五大网络的工作方式有显著不同。2013年之前的我活在思维空间中，对人的感知能力很差。后来我意识到感知能力需要刻意练习，就有意识地屏蔽自己的思维，尝试透过一个人的外在表现感知其背后的系统信息，经过大量的实践和反复迭代，我逐渐发展出感知一个人背后系统的能力。跟一个人聊一会儿天，我大概就能洞察其身上的模式及原生家庭的社会环境。很多时候凭的是直觉，且非常准确，有时候连自己都觉得不可思议。自己身上发展出这种能力之后，我看到再神的人都不会惊奇，也不轻易否定，我知道他们长时间在某一个隐藏层作业，日积月累发展出独特的能力。

　　带着好奇心有意识地与不同领域的专家交流，了解他们的五大网络独特的工作模式和协作模式，对我们学习力的提升很有助益。把自己发展成一个领域的专家之后，想成为另一领域的专家时就可以触类旁通，有意识地探究另一个隐藏层，发展大脑的五大网络在另一个隐藏层工作和协作的方式就没那么难了。

■　向失败者学习：少交学费

　　我早年教授《企业全面经营沙盘》课程，发现那些在企业模拟经营中取得很好成绩的学员，总结发言时常常志得意满，浮于表面；而那些经营惨淡甚至把自己的企业搞倒闭的学员，在总结发言时很深刻，很全面，很真切。惨痛的教训更容易促使人深刻反思，遗憾的是，大多数人并不把别人沉痛而深刻的反思当成学习资源，同样的坑总被前赴后继地踩。德国哲学家黑格尔说："人类从历史中吸取的唯一教训，就是人类没有从历史中吸取教训。"

早年我与一位前辈出差，打车从机场到酒店，出租车司机身上戾气深重，一会儿骂行人不懂规矩，一会儿怨政府不作为，再不就哀叹人心不古，抱怨了一路。下车后，同行的前辈问我："你知道他为什么只能当个出租车司机吗？"没等我回答，前辈就说："他的戾气会招致更多的不幸，人生永远走不出负能量的泥潭。"这段话对我的劝诫作用极大。**不幸的人身上可能带着招致不幸的模式。**从反面教材吸取教训能让自己少交学费。老子说："善人者，不善人之师；不善人者，善人之资。不贵其师，不爱其资，虽智大迷。"所以善人可以做不善人的老师，不善人可以作为善人的镜鉴。不尊重老师，不珍惜镜鉴，即便很聪明，也是大糊涂蛋。

■ 向弱势群体学习：激发慈悲

复旦大学王德峰讲了一段他的亲身经历。某年冬天的一天特别冷。他在学校开会到很晚，在骑自行车回家的路上感觉寒气逼人。妻子打来电话说今天冷，催他早点回家吃饭。教授想着热气腾腾的晚饭，心里很高兴。这时，他忽然看见一个小贩在卖烤红薯。大冷的天，小贩冻得瑟瑟发抖，而炉子上还有一堆红薯没卖完。显然，一天的任务没完成，小贩还不能回家。教授顿时生了恻隐之心，想着自己马上可以到家，吃上热腾腾的晚饭。而小贩却不得不在寒冬里为了生计而受冷。于是他一口气买了八个烤红薯，心想多买一个，小贩就可以早一点收工。他拎着这八个红薯回家，心里升起了满足感和优越感：教授毕竟是教授，有能力帮助一个小贩。

晚饭后他又反刍此事，觉得自己境界不够高。帮了人，有满足感本没问题，毕竟做了善事。但有居高临下的优越感，就显得境界低了。人与人生而平等，互相帮助是很正常的事情。帮助别人，并不代表你就比别人厉害。换一个场景，如果哪天自己遇到困难，路边烤红薯的帮了王德峰的忙，烤红薯的就不会有优越感。这份优越感显然是复旦教授这个身份派生出来的。他领悟到身份有时候会让人失去本真、丧失智慧。

有位居士跟上师修行。最初，他总是喜欢问上师："老师，您看我最近修行有没有进步？"上师说："你有明显进步，再接再厉吧。"过一两个月，修行者又禁不住问："老师，您看我最近修行有没有进步？"上师说："你有明显进步，再接再厉吧。"

如此过了一年多，修行者又问："老师，您看我最近修行有没有进步？"

上师说："抱歉，现在我看不出来你有没有进步了？"

修行者："你以前不总告诉我有进步吗？"

上师："那是见你初学，鼓励你，现在你已经进门了，你的进步我已经觉察不到了。"

修行者："那我怎样才能觉察到自己的进步呢？"

上师："这恐怕要问你的仆人、下属了？"

修行者不解，说："问他们？他们能知道什么？"

上师："你修行的进步要体现在为人处世的态度变化上，你的仆人、下属最能感受到你为人处世方式的改变，你回去问他们吧。"

修行者若有所悟。

网上曾有一个帖子评价某国学大师，课堂上讲得一套一套，而生活中对下属、翻译乃至国外合作方如何如何刻薄尖酸。国学最讲究的是知行合一，讲究的且修且行。修行有没有进步，要看你待人接物有没有变化！与弱势群体相处更能检验一个人的修为。

对话前要做好状态建设

与人对话的时候，我们带着什么样的状态，就会有什么样的视角，就会产生什么样的联想。如果你对一个人有成见，那你在和他对话的过程中就会带着成见的视角，他说的所有话都会激活你成见的联想，即使对方不是那么想的，但是架不住你认为他是那么想的，人与人的冲突往往来源于此。所谓"**焦点即原因，联想即证据**"，我们关注的焦点和脑内的联想，就给对方建构了一个印象"模型"。你以为你是在和这个人打交道吗？其实不是，你并不是在和一个客观存在的这个人打交道，而是和你自己脑子里建构的该人的印象"模型"打交道，那些成见就都附着在这个印象"模型"之上。你看这个人永远都是戴着这个印象"模型"的"有色眼镜"的。

探究一下印象"模型"的建模过程：当两个人第一次见面时，从见面的那一刻起，两个人就在各自的脑海里开始给对方建模，这个印象"模型"在第一次见面时就建构了百分之七八十了；然后第二次再见面，根据一些增量的线索，会在第一次建模的基础上做一些增加或修改；到了第三次、第四次打交道，两个人对对方的印象"模型"就基本定型了；后面再打交道的时候，两个人就是带着对对方的成见在对话了，对对方形成了"刻板印象"。

请你思考这么一个问题：认识你很久的老朋友和刚刚认识你的新朋友相比，谁会更了解你？你一定觉得是老朋友更了解你，毕竟认识的时间足够长。但马尔科姆·格兰德维尔在《眨眼之间》一书里的回答可能颠覆你的判断，他在书中列举了一些实验证明，那些交往了二三十年的老朋友对你的了解程度未必比一个刚刚认识你不久的新朋友更深，甚至还不如仅仅和你有一面之缘的人。原因是什么？就是老朋友们对你已经有认知疲劳了，大脑的本能会对重复的事情形成自动化反应，也就是所谓的"重复抑制"。老朋友们与你天天打交道，成见坚不可摧，即使你在变化，但是他们已经不再刷新对你的印象"模型"了；而那些新朋友还在对你的印象进行建模的过程中，反而观察到的是你最新的表现。想一想也很有意思，我们生活中的那些老朋友们，实际上他们对你不过是"熟悉的陌生人"。

一次，我在餐桌上兴奋地分享我想写一本关于关系的书的想法，我夫人和大儿子竟然异口同声地质疑："你居然要写关系的书？确保不是误人子弟？"在他们的印象中，人际交往能力是我的绝对短板。实际上，我年轻的时候确实十分不擅长处理人际关系，包括我们的夫妻关系上也有很多问题。直到最近的七八年，我有了大量的学习领悟后才刻意练习我处理人际关系的能力。但是我这些年有了这么大的变化，为什么我爱人她却没有感觉呢？这就是上面说的大脑的"重复抑制"的作用。这就好像好多年没见的朋友，他见到你说的第一句话就是"你胖了"，而你爱人却不知道你胖了。也就是说，越是离你近的人，你反而越看不清他们的变化。

在和他人打交道的时候，我们对他人的成见往往会影响我们自己的内在状态和外在状态。状态是通过感受得来的，它比语言来得更快，也许你还没有开口，但对方"秒懂"你的状态。因为我们的大脑是"同构"的，镜像神经元让我们能够快速读懂别人。你是什么状态，就会激活对方什么状态，防御态会激活防御态，批判态会激活批判态，学习态也会激活学习态。

某家长开完家长会回来跟孩子沟通。在聊之前他还想好了谈话策略，做足了准备。开场先是一通表扬："老师说你最近的表现还是不错的，数学有提高，作文也有进步……"话还没说完，儿子就插话说："老爸，别绕弯子了。直接上'但是'吧。"请问，孩子怎么知道老爸后面还有"但是"呢？很简单。他对孩子的不满意的状态早就无情地出卖了他。孩子嗅出了老爸的状态。

所以想要在与人对话中学习，最重要的前提就是你带着什么样的状态。与人对话学习的收获，取决于你自己的状态以及对方的状态，而对方的状态又受到你自己的状态的影响，你们之间的状态是互动的、相关的。而且，彼此之间的信任关系决定了与人对话的质量，只有深度的信任才有可能让双方在生命更深的层面相遇。我在《卓越关系》一书中对人性做了棱镜分解，把人性分为三层：内在狗熊、内在凡夫和内在圣人，分别代表人身上的动物本能、功利本性和道德良知。人生如果能有几个在这三部分都能聊得来、聊得深的朋友，绝对是一大幸事，和这样的朋友对话收获就会很大。

我常说："状态不对，努力白费。"只有在正确的状态下，用正确的套路，走正确的路径，才能逼近你想要的效果。所以一件事要做好，目标、状态、方法缺一不可。很多时候我们会发现目标也很明确，方法也很正确，但最后就是没效果，那问题就出在了状态上。所以在与人对话之前，先要做好自己的状态建设。

首先，要有意识地屏蔽对对方的负面成见。有学生曾经问我："田老师，我怎么和那些负能量满满的人相处？"问题一问完，我就对他说你问了我一个悖论。什么悖论？在他的问题里，他先把对方定义成一个负能量满满的人。他的潜意识里对这个人的成见——负能量满满——是非常清楚的，所以只要他去面对那个人，潜意识自然而然就会表现出对待负能量满满的人的状态，而对方会"秒懂"这个状态。对方的潜意识觉察到你把他定义为负能量满满的人，如果他不表现出这种状态，还真对不起你的标签。如果不能改变对对方的成见，你和对方总是在低层次甚至对抗的对话水平上，何谈学习？

其次，要让自己带着学习态去对话。我们的大脑在工作时会有两种最基本的状态，一种叫学习态，一种叫批判态。学习态和批判态像是大脑中一对互斥的开关，在批判态就不会在学习态，在学习态就不会在批判态。批判态的假设是我自己以前的东西都是对的，我以自己为万物的尺度来衡量你的对错。而学习态才是发展自己大脑五大网络的工作和协作方式的正确状态，我会认为自己的"软件"还有升级的空间，愿意接纳、愿意学习。批判态本质上是一种分别能量，学习态本质上是一种连接能量。所以在与人对话中你首先得处在学习态，愿意跟对方连接，愿意跟对话内容连接，愿意跟自己的知识和过往的经验连接，你才能学到更多。

我们在和人的交流中抱着什么样的状态，就会得到什么样的结果，而得到什么样的结果，反过来还会强化我们的状态，状态和结果之间就有这样一种互动的关系。这个互动一旦进入了恶性循环，它就会让双方持续地保持在劣性的互动中。

有位女士已经经历三次婚姻了，还是觉得自己很不幸。为什么呢？因为她在第一次婚姻中觉得她老公有家暴倾向，实际情况并非如此，是她自己总有一种"受害者心态"，处处感到自己在受伤害。然后第二次婚姻中，她与老公的关系仍然如此。到第三次婚姻，她对男人的印象"原型"产生了偏差，下意识地认为所有男人都有家暴倾向。只要老公对她稍微有一点点不好，她就马上激烈反应"我就知道你想欺负我"，如果再进一步，她还会说"有本事你打我，不打就不是男人"。可见是她自己的状态招致别人粗暴地对待她。

那么，怎么样才能在与人对话中处于学习态呢？我总结了四个词。一是真诚，所谓"一真一切真，万境自如如"，我们自己不真诚就逼着对方也不敢很真诚地对待我们，我们真诚多少，对方就会真诚多少，谁先选择真诚，谁就掌握了改善对话、改进学习的主动权；二是看见，就是一定要关注对方，每个人都渴望得到别人的关注、渴望被看见；三是共情，除了渴望关注，每个人都有情感需求，猴子之间还需要通过梳毛来增进感情，人和人之间也要通过对话这种方式来情感"梳毛"；

四是觉察，用旁观的我看局中的我，就能让自己得到更多的反馈和反省，促发学习。很多时候，看见和关注就能迎来真诚，一旦双方真诚开放打开"约哈里窗口[⊖]"，就会有更深层次的交流沟通，我们就能通过觉察在这种深层次的交流沟通中学到很多。

所以一定要理解对话前做好状态建设的重要性，尤其是双方已经是敌意关系的时候，在见对方的时候一定要尽可能释放自己的善意。换句话说，状态不对就暂时不要见面，等状态对了再见面。

对话中激活五大网络

准备好状态，就可以进入与人对话的过程了。我们已经理解，两个人之间的对话，其实本质上是两个人的 ACCP 循环、五大网络的协同互动，无非就是我的"表现"成为你的"吸收"，我的"吸收"来自你的"表现"。ACCP 循环其实和五大网络是一回事，ACCP 是从动态的、顺序的结构来讲，而五大网络是从静态的、存在的角度来讲，它们之间是有内在对应关系的。下面我们考察一下在与人对话过程中的 ACCP 循环和五大网络如何激活。

⊖ 约哈里窗口（Johari window）用于理解自我与他人关系动态变化的一种社会认知理论。1955 年由美国社会心理学家约瑟夫·勒夫特（Joseph Luft）和哈灵顿·英格汉姆（Harrington Ingham）提出。人际沟通中的自我认知可以分为四个变化的不同部分：①开放的自我：个人和其他他人都知道的有关个人自己的信息。②盲目的自我：他人知道而被个人忽视的有关个人自己的信息。③隐藏的自我：个人向他人隐瞒的有关个人自己的信息。④未知的自我：个人和他人都不知道的有关个人自己的信息。

■ 吸收：以虚受人

ACCP 循环的第一个环节是"吸收"，倘若不能在与人交往中获得有用的信息，这个循环就不会启动，脑子就转不起来。要做一个好的聆听者，不能只听对方说了什么，还要听对方怎么说。有个学生曾经非常感慨地说："我原来以为自己很善于聆听，其实并不是，我只不过是有耐心而已！"善于聆听，不是说只听表面上说的语义，还要通过感受对方的肢体语言、情绪情感、语音语调去揣摩他的内在状态。最怕的是把自己当作万物的尺度，每时每刻都在用自己的"尺子"去量别人。耐心不过是聆听的基本条件，只有能够不带成见地立体地去听一个人，他的"内在狗熊"怎么了，他的"内在凡夫"怎么想，他的"内在圣人"有何表达，听到对方的精神世界，才是好的聆听。好的聆听，要处在"以虚受人"的状态。**多数人难以做到在人际交流中学习的原因在于内部噪音使其不能深度聆听。**ACCP 循环中 A 的环节做不到吸收，脑子里总想着如何说服别人或反驳别人。我经常说，不关乎身份，只关乎状态，谁在以虚受人的聆听态，谁在交流的同时能把ACCP 循环起来，谁就是学习高手。

我在总裁班上课时，有位高管说："和下属沟通，在把他叫来办公室之前，我早就想好了要怎么骂他、怎么收拾他了。他进来后不管他说什么，反正我就等他说完后一股脑地把我想说的说出来。"这显然就是状态不对，根本就听不见别人说什么，更谈不上自己能在对话中学到什么了。

除了聆听对话者的语义和状态，其实如果你足够敏感，可以听到对方身上带着的"系统"信息。什么是"系统"信息？每个人其实都生活在不同的圈子里，每个圈子都是一个系统，比如家庭圈／家庭系统、朋友圈／朋友系统、工作圈／工作系统，每个人都是"系统"中的一员。于是我们和任何人交流，其实都是在和这个个体背后的各种"系统"交流。只要你的感知网络对此比较敏感，你就能捕捉得到，你就能比别人"吸收"得更多。比如，我就可以通过和一个人三言两语的交流后，大致判断他的原生家庭情况，他的父母是否严厉，他有没有童年创伤等。

■ 建构：积极联想

ACCP循环的第二个环节是"建构"，主要对应联想网络。对话的状态直接影响我们的联想网络。当我们对一个人有成见时，见到这个人后那个负面的形象"模型"马上被激活，过去的一系列负面信息一股脑地从联想网络中涌出来。为什么很多人夫妻关系难以改善？最主要的原因也是双方一见面，那些负面的过往画面就排山倒海般地出来了。对这个问题做诊断，心理咨询师也会建议双方都更多地去激活过往那些共同经历的美好时光。在一个比较长久的关系中，一定是既有正面的事件，也有负面的事件。在当下的对话中，激活正面的联想，你看到的就是对方正面的形象；激活负面的联想，你看到的就是对方负面的形象。想要改善关系，那就需要在每次的沟通中，都在头脑中尽可能地激活正面联想，这个关系才会逐步走向良性。所以如果你想要在这一次对话中产生学习，主动屏蔽那些负面的联想，尽量联想对方积极的一面，可能会帮助你从批判态走向学习态。专家和常人最大的区别是专家的感知网络更加敏感，能捕捉到常人难以捕捉到的信息，能看到常人难以觉察的底层结构。

以人为镜，从别人的身上我们才能发现自己的优势和劣势。人和人之间的差异实际上是非常大的，在与人对话时，我们能轻易地发现别人的大脑五大网络的工作方式和我们自己的五大网络的工作方式有很多的不同。正是因为人和人如此不同，我才提出"修身的方向在你优势的阴影里"，**不喜欢的人身上其实往往具有我们自己身上不具备的稀缺元素**。只有意识到这一点，我们才能有意识地在通过与对方打交道的过程中去向对方学习。所有人都在用他特殊的方式来教我们学会点什么，也许有时候某些方式不对，但客观上却在教我们懂得一些人生的哲理，就看我们会不会发现、会不会反思、会不会从中学习。

■ 创造：主动改变

ACCP 循环的第三个环节是"创造"，主要对应的是决策网络。我们根据捕捉到的信号，对对方的印象就可以有更新。其实每个人都是随着时间不断变化的，只不过有的人是有意识地改变，而更多的人是无意识地改变。因此你就可以理解：一切关系都需要动态地定义，每隔一段时间就要主动地去重新审视。比如，同事升职成为领导了，你就不能像过去一样和他说话没分寸，就得重新审视你们的关系，该给的尊重、该有的距离一样都不能少。比如，孩子长大了进入青春期，那你就得用对待成年人的方式对待他了，而不应该用原来对待小孩子的方式了。如果你对关系中动态地重新定义不敏感，不主动在大脑中给对方重新建模的话，就一定会用陈旧的模式去处理新的关系，就会造成很多困扰。这就和马克思讲生产关系要符合生产力的发展是一样的道理。每一次与人对话，都是你重新定义你们双方关系的机会，你要主动从对方身上捕捉那些改变的新线索，尽可能地看到对方的进步，从而对对方在你脑海中的印象做重新的建模。关系双方都感到不舒服、受束缚时，就是动态定义的时候。我看过一个短视频，一位90多岁的农村老奶奶去吃席，回来还给她70岁的儿子带了一块糖，在这位老奶奶眼里，儿子永远都是个孩子。这个案例从反面告诉我们，要尽可能带着"士别三日当刮目相看"的眼光去看别人，而不是对对方身上的改变视而不见。

2013年的一段平淡而特别的机缘让我意识到自己人生的头四十多年活得很偏颇，人生原本是有A面和B面的，而我只沉浸在A面，却还自以为是地笑话那些活在B面的人。

当时我的优越感极强，因为读了大量的书，也出了本畅销书，特别自信，表现自然清高。我参加了一个课程的学习，在班上也不爱与人交流，自我清高地认为同学们没有资格跟我交流，虽然我个子不高，但走路都往天上看，现在回想那种恃才傲物的状态，觉得自己真傻。那个班上有一个特别感性的同学，她跟我一样爱举手发言。我的问题总是试图从逻辑上厘清课堂的内容，而她的发言总是问能量、状态、连接之类的问题。在我看来，她思维跳跃，毫无逻辑，提问无异于搅局。所以她一张口，我就皱眉头，特别不喜欢她。

上课期间的午饭是同学们自由组合统一点餐，然后 AA 制分摊的。吃午饭的地方距离上课地点一公里多，大家成群结队地走着去，又走着回。有一次，吃完饭结完账我去了趟洗手间，出来的时候发现大家都散了，我就单独往回走。不经意一回头，发现我很不喜欢的那位同学也落单了，就走在我的后面。我没兴趣跟她聊，就下意识地加快脚步，想甩开她。这时候，她在后面叫我："田校长！"我放慢了脚步。她说："我能感受到你不大愿意跟我连接。"我连忙解释说："哪里哪里，我就是这样的风格。"她说："你别瞒我，我能感受到你的内在状态。"她的话让我无地自容，也懒得争辩了。她接着说："其实，你跟我的能量很互补，可以成为最好的学习搭档，你逻辑思维能力极强，而我的感受力和连接力很强。我发现你基本上不跟人连接，就活在自己的逻辑世界里。"她这番话并没有引发我的思考，我只当是寒暄之语了。后来她就跟我聊她在课堂上的感受和收获，品评老师的风格，点评同学的表现。让我吃惊的是，同样的课堂，她听到的和我听到的差异巨大，仔细想想她的话也都有道理，与我的归纳总结完全互补。那一刻，我突然意识到自己读了这么多书，却并不能解读别人的内在状态，不能很好地与人连接，又有什么用啊？书籍并没有让我更高尚，反倒让我更高傲。那天，我直接被她的这番言论打蒙了。

此前的我活在逻辑的管道中，徜徉在概念的世界里，根本不与人连接，还自以为是，其实自己什么也不是。作为一个教育工作者，工作的舞台就在学生的心里，而我自视清高地不与人连接，连学生的心门都不能打开，纵有十八般武艺也没有用武之地呀！就在那一公里路的聊天中，我痛彻地意识到自己身上的严重短板，我理解了为什么我喜欢读逻辑性强的书，而感性的书我根本读不下去。我读书很功利，那时候连文学作品都不屑于读，而这些偏见都是因为我身上缺乏感性元素造成的，我根本欣赏不了那些走心的作品，硬生生是把彩色的人生活成了黑白的。

被棒喝的我当天就做了一个重要决定，那就是刻意练习我与人连接的能力，开发自己的感性元素。此后的课间我就有意识地与这位同学连接，练习时有意识跟她一起做搭档。坦率说，最初的感觉很不舒服，但我学过的教育学、心理学知识告诉我，有意识地走出舒适区才是真正的学习。后来我经过多年的刻意练习——有意识地逼自己走出舒适区，刻意感受他人的状态并主动与人连接。在练习中才一点点体悟到曾经读过的精神分析心理学、系统排列、教练技术等蕴藏在文字背后的能量，纯粹用逻辑思维读书，很多书永远都不可能读懂。

几年下来，我的读心能力和与人连接的能力得到了让我吃惊的提升，无论是课堂上还是会话中，我跟一个人聊几分钟基本上就能感受到他的内在状态，甚至能推断出他大概的家庭背景和成长经历。我的感受力、读心能力、共情能力都得到了极大的提升。原来我的连接力有很好的天赋，只不过以前惯用逻辑思维，将其屏蔽了。

人的发展是多个维度的，受天赋和早期学习经历的影响，大脑开发的程度不同，有的人智商高，有的人情商高，有的人思维敏捷，有人感觉敏锐。每个人都有足够的发展空间，关键是你要意识到自己的不足并有意识地发展。你的短板可能是别人的强项，照理说弥补短板的最佳方式是多跟与你优势互补的人交往，相互取长补短。而现实是物以类聚，人以群分，人们更喜欢与自己同质的人交往，活在自己的管道里，把别人的优势说得一文不值。

电影院要关了灯才能看见电影，同样的道理，适当屏蔽逻辑思维，才能提升感受力和连接力。聪明人都懂得分片分区地开发自己的大脑，在不同脑力之间切换，保持正念的时候只专注感受而屏蔽思维；与人连接的时候则要更多地激活读心和共情的脑区，而少一些评判。大脑像一组组合开关，有多种组合开发和使用方式，一辈子只处在某一种状态下刚愎自用地鄙视那些跟自己状态不一样的人，岂不显得鄙陋？你鄙视的人身上往往有你缺乏的某些元素，你的鄙视很可能是潜意识层面的嫉妒被意识合理化了的结果。我这个观点跟传统的发展优势不太一样，但并不矛盾。在职场的早期发挥优势很重要，但到了三四十岁就应该直面自己的短板了。当你的优势已经发挥到极致却不够理想，再发挥优势也不会有太大的发展空间了。只有捡起短板来修，弥补了这些短板，才能拓展出新的发展空间。

■ 表现：寻求反馈

ACCP 循环的第四个环节是"表现"，主要对应的是反应网络。也就是在和对方交互的过程中，我们有没有把自己的改变表现出来。我们自己也是不断成长的，不论你从哪里学来的什么经验，都可以借助与人对话的方式表现出来，把与人对话当作自己的训练场。

曾经有一位学生问："田老师，我只是企业里的兼职培训师，并没有很多机会上讲台讲课，您教的这些教学方法、技能我很难在讲台上快速通过刻意练习来掌握，您说我该怎么办？"我回答他说："回到教学的第一性原理，要知道教学的目标是促人改变。所以只要是在人与人的场景中，这些教学方法、技能就都适用。在生活中为什么不可以用五星教学法？你和领导的对话、和孩子的对话可以不可以是五星对话法？你在和任何人沟通交流的时候是不是都要觉察自己的状态位、对方的状态位？只要有人的地方是不是都有场域的问题？所以不是没有刻意练习的场地，而是你不认为生活就是你学习的场所。"听完之后，这位学生豁然开朗。

所有与人相处的感受都可以理解为外部的反馈。人际冲突所引发的激烈情绪反应恰是探索自己低效能、低版本防御模式的线索。有诸内才显诸外，情绪不过是内在分裂实在难以抑制的外显。日本设计大师山本耀司曾说："自己这个东西往往是看不见的，你要撞上一些别的什么东西，反弹回来，才会了解自己。所以，跟很强的东西、可怕的东西、水准很高的东西相碰撞，然后才知道自己是什么，这才是自我。"学习意味着持续迭代关于外部世界的内部模型，为此，你必须积极表现，主动寻求反馈，外在反馈引发内在反思，从而让ACCP循环转起来。我说过："**反馈和反思是塑造人的两把刻刀。**"外部反馈促进内在反思，内在反思就是学习。把发生的一切当作反馈，都能增长智慧。我经常说："**处在学习态，批评也是反馈；处在批判态，反馈也是批评。**"

把每一次的与人对话当成学习，过程中还需要把握以下两点。

一是把握"表达"和"吸收"的度。注意力全在表达上的话就没有吸收了，既没有给别人表达的空间也没有给自己学习的空间；注意力全在吸收上的话也就没有表达了，别人就会觉得和你对话没有价值。"螳螂捕蝉，黄雀在后"中的蝉为什么会被螳螂吃掉？就是因为蝉太专注于自己的"表现"了，没完没了地叫，对周围的危险没有任何警觉。那么螳螂为什么又被黄雀吃掉？因为螳螂满眼都盯着蝉，它"吸收"的欲望占据了它全部的注意力，于是自己也变成了别人嘴里的肉。所以"表达"和"吸收"的比例一定要搭配好。

二是要带着好奇心和同理心。每一个生命都是一本值得阅读的"书"，都是每一个真实的人活出来的。我们要对人有好奇心，不管他是大咖还是菜鸟，他成为这样一定渊源有自，一定经历过什么。不管他是谁，都是从白纸变成今天的样子。其实，如果你能知道他背后的故事，就会发现每一个人都值得被爱。在和任何人的对话交往中挖掘他们过去的生活遭遇，你就能看到这些遭遇激活了他人性的哪些方面，造就了他惯用哪些大脑网络工作，好的我们吸收，不好的作为警示，"见贤思齐焉，见不贤而内自省也"。

对话后要做复盘

绝大多数人都没有复盘的习惯，但是复盘又是能让学习闭环的一个关键步骤。要在与人对话中学习，事后复盘也必不可少。复盘其实是我们大脑的学习网络要干的事情，就是要在对话之后问问自己："我从中学到了什么？"

我认为，"我从中学到了什么"应该成为每一个优秀的学习者的口头禅。有很多大师，比如德鲁克、拉姆·查兰、尤里奇等，从他们的书里、演讲中就能知道他们都有一个口头禅——"你从中学到了什么？"不管他们跟谁对话，看书也好、跟人打交道也好、做事也好，他们总要问自己这个问题。为什么这个问题这么重要？因为在任何一次对话的过程中，我们大脑五大网络的意识和潜意识都在工作，每个网络都会有一些收获。但是，这些收获大多都隐藏在意识下面，潜意识收获满满却没有冒出到意识层面。前面我们说过，潜意识的信息只有意识化了，才会有价值，才会变得可复制。如果不能够把潜意识意识化，这件事还没总结完就紧接着干下一件事去了，潜意识对这件事的收获和感受很快就会被下一件事冲掉。学习力弱的人身上有一个共性，就是他不善于让自己的意识和潜意识对话。无论是多么平淡无聊、多么乏善可陈的对话，你只要敢问自己"我从中学到了什么"，你的意识就马上给你的潜意识下指令，你的五大网络就会纷纷向你的意识汇报它们在对话过程中那些新奇的、不一样的感受与收获。很多时候并不是我们没有学到，而是我们没有有意识地通过自我对话把学到的内容总结出来。

了解人性是每一个社会人的基本要求。但是我们该怎么了解人性呢？其实人性就溶解在每一个人身上。与我们打交道的每一个人，都可以说是一个人性的样本。每一个人身上的表现，无外乎是人性某一个方面在具体人身上的表达，不过是他在这个方面突出一点，而在那个方面稍弱一点，每个人都在表达某种"偏性"。正如我把人性分为内在狗熊、内在凡夫和内在圣人三层，任何一个人身上都是天使与魔鬼同在、英雄与狗熊同在、当下与诗和远方同在。人性确实是复杂的，要了解复杂的人性，只有广泛地去与人打交道。对人要有好奇心：他是怎么成为今天的这个样子的？他的生命经历了什么？他的经历和经验能让我学到什么？好奇心是读人的基础。读人和读书在本质上是一样的，每个人不过是一本独特的"书"，书里的内容是他独特鲜活的生命阅历，书里展现的是他独特的基因表达或模因表达。

让每次交流都富有成效

人性的复杂性决定了交流的多元性。我在《卓越关系》一书中把人性用棱镜分解为内在狗熊、内在凡夫、内在圣人三部分。人性是立体的，朋友也是立体的，世间最宝贵的朋友是彼此的内在狗熊、内在凡夫和内在圣人都成为好友。彼此内在狗熊、内在凡夫、内在圣人都愉悦地交流才是最富有成效的交流。与有的人交流启发很大却感觉不舒服，与有的人交流感觉很舒服回头想想却启发不大。与有的人交流一次就不想交流第二次，与有的人交流每次都受益匪浅。如何让自己成为值得交往的人？如何让彼此从交流中受益？下面给以下几点具体建议。

■ "收礼"与"送礼"

前面讲过，任何对话都是个体间对话和个体内对话同时进行，而个体间对话都是手段，目的是激发有意义的个体内对话，有意义、有价值的个体内对话才是学习发生的关键。谈话通常是一句接一句地进行，有些很有价值的话一不留神就飘过去了。我提倡要发自内心地把每次交流当成"收礼"和"送礼"的过程。

谈话结束时我通常会总结说："今天跟您交流收获很大，具体来讲有三点。"刚开始说"收获很大"似乎还是客套话，紧接着不假思索地冒出"有三点"时我就启动了内在工程：实际上就向自己的潜意识下了订单，一会儿，我就把具体哪三点说得清清楚楚，甚至到最后还觉得不过瘾，再补充一两点。有时哪怕是受到对方的批评，也硬着头皮地说"谢谢你的反馈，对我很有帮助"。从而启动了"究竟有何帮助"的内在对话，从中压榨出礼物。"处在学习态，批评也是反馈；处在批判态，反馈也是批评。"能引发反思的一切存在和发生都是礼物，都值得感恩。

同样，我在与人交流的时候，也总琢磨如何说话才能给对方一些启发和支持。把所有讲话的过程都当成潜在的"送礼"过程，这是我在多年讲课中养成的习惯。我的课堂互动很多，我经常对自己回答学生的问题及点评学生的作业进行复盘，复盘中常问自己："还有没有更好的回应方式能够给他更好的启发和支持？"一次课上，有位学员在当众尝试一个高难度的挑战时失败了，他很不好意思。我说："全班这么多人，就你有勇气当众挑战，成功与否你都是赢家。"

■ 情感支持

每个人都渴望被看见、被理解、被尊重和被支持，交流过程中的情感支持非常重要。每个人的高光时刻、奋斗经历、成就成长、专业功底等都渴望被看见。**看见即赋能。**多年前我有幸采访过诺埃尔·蒂奇，谈话中我就抛出一个问题："您当年是凭什么说服杰克·韦尔奇聘请您当负责人的？"我问的恰是他的高光时刻，一下子打开了老人的话匣子。他兴致勃勃地向我介绍了很多当时的背景，聊得很愉快。我问蒂奇的这个问题受启发于一次有位高情商的访客向我的提问："在当时无老师、无学生、无教室、无教材的背景下，你是怎么把用友的企业培训做起来的？"这个问题激起我分享经验的欲望，进而激发了我写书的想法。我的成名作《上接战略 下接绩效：培训就该这样搞》的确是跟这次对话关系很大。

2023 年有一个很流行的词叫情绪价值。谈话可以理解为个体间的信息和能量交换，谈话中流动的不仅有信息，还有能量。信息是通过分析理解去加工和处理的，能量是通过感受体验去解码和交换的。交流的深度与双方的信任程度关系很大，人们总是跟陌生人客套，跟熟悉的朋友才掏心窝子。高手在谈话中不断地通过情感支持和情感回应来增强信任关系，又能审时度势地根据信任程度选择谈话的内容，逐渐逼近信息流和情感流形成共振，达到启发和感觉双佳的理想状态。

■ 让自己值得交流

我们的认知、视野、修为，常常是我们朋友圈的平均值。我们成为谁不仅仅取决于我们自己的志向，还取决于我们的人脉，也就是我们周围的人是谁。查理·芒格说：**"要想获得某个东西，最好的方法就是让自己配得上它。"** 我们的人脉是和我们自己的价值相匹配的，只有我们不断去提升自己的价值，才能够配得上高水平的人脉。所以孔子说"不患无位，患所以立"，让自己变得有价值，就能够交来更高水平的朋友。每个人在交朋友之前是会有评判的，会考察对方对自己的价值，如果你能变得更有价值，自然就能吸引更好的朋友。当你再带着学习态去和这些新的、更好的朋友对话学习的时候，你就能学到更多。这就让你逐步建立起一个良性的循环：自己越有价值，就越有高质量的人脉，就越能带来更有价值的学习。这个良性的循环对一个人的发展非常重要，因为它有"复利效应"。

读者朋友可以尝试刻意运用本章的知识做两个练习。

（1）复盘自己最近一次与人对话的过程：在对话过程中自己的状

态如何？自己的 ACCP 循环的表现如何？你从中学到了什么？如果下一次再和他对话，你自己的状态还能不能提升？能不能刻意觉察自己五大网络的工作？能不能从中学到更多？

（2）思考：你在通过与人对话的过程中学习的能力在哪些方面还有提高的可能？你能否制定具体的提高措施？如何保证这些提高措施得到落实？

第 8 章

与事对话：整合知识技能解决问题

学习领域有一个著名的"721法则",即10%的学习源自理论学习,20%的学习源自社会学习,而70%的学习源自实践学习。与事对话,指的就是这70%的实践学习部分。对比而言,与书对话和与人对话这两种方式,更多的是在拓展、提升我们的感知网络和联想网络,更多地是为了"吸收"、为了"建构",更多地强调"学"而较少"用"。那么当我们学了很多,就希望把学到的东西用出来,通过做事去验证。与事对话,就是把做事当成一个学习项目,在做事的过程中全方位地开发自己,把自己的所知、所学、所感、所悟注入到一件事情中去,事后还能通过复盘学到更多,形成事中学的良性循环。

带着学习态做事

不管与人对话还是与事对话,我们的内在状态建设一定是第一位的,都要保证自己处于学习态。状态这个词虽然是一样的，但用的地方不同，内涵却不一样。对于做事来说，状态很多时候是以如何面对挑战的方式呈现出来的。

总有一些人在职场上的某个阶段能够实现跨越式的快速成长，他们跨越式成长的秘密是什么呢？绝大多数是因为他们接受了一个看上去远远大于他们当时能力的任务，在迎接任务的挑战中，他们实现了快速的自我突破。所以说有时候挑战性工作是我们快速成长的需要，勇于接受挑战性的工作，才能走出舒适区进入学习区，才有可能在艰难困苦中开发自己的潜能。如果我们每天干的活都游刃有余，长期处在自己的舒适区，何谈开发潜能，何谈学习力跃迁？

面对挑战性的工作，最好的状态应该是——与工作谈恋爱。在工作中遇到挑战时，你是全身心地接纳，还是脑、心、腹互相抗拒？状态不对，在工作中抗拒挑战，你表现出来的能量就是两股能量抵消后的剩余。所谓的努力，就是用一股能量压制另外一股能量。实际上，你的生命能量在抗拒工作的过程中白白消耗了。相反，如果我们能够身心灵合一地迎接工作、接受挑战，我们的真诚可以感动天地。"当一个人知道他自己想到哪里去的话，全世界都会给他让路。"

与工作谈恋爱，就要学会在工作中找到乐趣。稻盛和夫说，工作本身就是激励。如果你是一个满腹经纶的人，那一辈子如果不做点事就会很遗憾，只有做事才能够把所学的东西变现。工作不应被当成一种负担，因为工作本身就是修身的平台，工作本身就能对我们的潜能做全方位的开发。漫画家蔡志忠说他很多年来每天都工作16小时，但他从来没有觉得自己是在辛苦地工作，而是沉浸、陶醉在自己的爱好中。不少人天生具备从生活和工作中找乐趣的能力。把不得不做的事情转化成有趣味的事情，从看似枯燥乏味的工作中寻找乐趣，实在是一种了不起的能力。一旦找到乐趣，就解决了自己全身心投入的底层动机问题；而一旦全身心投入，真的就会获得乐趣，从而进入一种良性循环。

与工作谈恋爱，就要学会在工作中追寻意义。弗兰克尔说："一旦找到意义，痛苦将不再是痛苦。"我们可以反过来说，**如果你还感觉工作是一种痛苦，那就努力在工作中找到意义。**一定不是所有的工作都是你喜欢的，也不是所有的工作都会一帆风顺。阿尔伯特·格雷花了毕生之力探索成功者的决定性因素，最后发现成功者最显著的特征是：**成功者习惯去做失败者不爱去做的事情。**很多事情大家都不喜欢去做，但**成功者总会想办法让自己的不喜欢服从于远期目标。**说服自己，调动自己的内在动力投入工作是一种非常重要的心理能力。每个人都须先自己找到理由爱上工作：在这份工作中能获得什么成就感？能发挥自己哪些特长？能发展自己的哪些能力？能结交到哪些新朋友？总之，自己找到的理由越充分，就越容易激活内在动力，越可能带着完全不同的状态去工作。

用心做事才能快速成长

工作其实是阶段性的，而人生则是连续的。工作注定了是把自己铸造成器的一道工序。让自己的才华绽放，让自己的心灵成长，才是我们一辈子的工作。有人工作多年，不过是油腻地把简单的事情重复了很多遍，过程中并没有特别用心，高级机能并没有充分激活，事后复盘的时候也当然乏善可陈，从学习的角度看，就是做事中的 ACCP 循环质量不高。所以，只有用心做事：勇于接受挑战、持续创新并善于权变，才能在事后复盘中收获更多。

■ 永远寻找弹性空间

没有人在这个世界上可以为所欲为，所有的事情总是有各种各样的限制、各种各样的边界，不过是每个人的自由度大小不同而已。但是不管自由度多大或多小，只要你是一个弹性的人，就能在自己的工作中找到一个弹性空间，植入自己的激情、情怀、智慧、才华。人人都是戴着镣铐跳舞，关键不是抱怨这个镣铐，而是要练就戴着镣铐跳舞的艺术本领。理想的客观环境是等不来的。所有的限制性条件，考验的都是我们的弹性。斯蒂芬·柯维在《高效能人士的 7 个习惯》里说过一句话，"在刺激与反应之间我们有终极选择的自由。"要相信，只要愿意，我们就永远能找到属于自己的弹性空间。

某著名钢琴大师曾经被关到监狱 7 年。出狱不久，他就举办了自己的钢琴演奏会，技法之高让全世界震惊。人们就特别好奇，7 年都没有触碰过钢琴的人，怎么琴艺不仅没下降，反而还高出很多？他说："我这 7 年里从来也没有停止过练琴。"大家就更惊讶了，你连琴都没有，怎么练啊？他就说："虽然我没有琴，但是我的脑海里时刻都摆着一架钢琴，我闭着眼睛都知道每一个琴键的位置和声音，在监狱里我只要有机会，就可以运用我的想象力弹琴，自己弹自己听。"什么环境都无法限制他在大脑里面练琴。这正应了电影《肖申克的救赎》里的一句名言："有一种鸟是关不住的。"

找到自己的弹性空间，做的事情就会有"风格"。我们通常说："客户是为你的风格买单，而不是为你的功能买单。"从某种意义上来讲，这个世界上没有完全一模一样的两个产品，即便它们的功能是一模一样的，风格也可以千差万别，不同的人造就不同的风格。风格其实是把我们和别人区别开来的关键要素。所以我就经常说，没有风格的人生不值得活。

做任何事情都要不落俗套，这可以是一种人生理念。工业化时代，汽车大亨亨利·福特曾经说过，"我只想雇用一双手，但不得不雇用一个人。"弹性是大脑的诉求，而我们四肢则喜欢简单的重复，活着的乐趣并不是简单的重复，一直待在舒适区里，否则我们和动物就没啥区别。艺术品就是艺术家把自己的思想、精神、激情等注入一个载体上，然后人们又通过这个载体感受到艺术家的这些思想、精神、激情。每一个人都可以活成人生的艺术家，只要能把自己的思想、精神、激情注入自己的人生中，就可以把自己的人生活成一个独一无二的艺术品，而不是一种天天重复、循规蹈矩的产品。

风格塑造了业务的品牌形象。不仅个人要有风格，组织也应该有自己独特的风格。作为老师，我本人为自己贴的风格标签是：专业、实战、创新。早在为用友设计企业培训计划时，我们就提出建设成为世界一流的企业大学，并确定了五大要素：名师、名课、方法论、自成体系和内外部品牌形象。现在回想起来，当时提出要做中国的克劳顿维尔的目标是有点不自量力，但这个愿景和五大要素确实一直牵引着我们、激励着我们，让我们持续追求卓越、努力学习钻研、努力打造精品。《易经》云："圣人久于其道而天下化成。"一个人只有长期坚持自己的风格，才能活成一个有个性的人，一个组织只有长期坚持自己的风格，才能成为一个有风格的组织！

做任何事情都要凸显我们自己的风格。在做事之前的规划中，我们就要思考怎么样把我们的情怀、智慧和爱注入进去，让人一看就能发现我们的特色，让人感受到我们活出了有风格的人生。

■ 不允许自己懈怠

现实中有很多人对工作是一种糊弄或者应付的态度，我觉得这是非常不划算的一种选择。不管哪个公司不养几个混日子的，但如果那个混日子的人是你的话，你固然用混日子的方式白白获得了一份报酬，但同时也耽误了你去开发自己的潜能。常常在网上看到很多互联网大厂的员工展示自己的焦虑，担心哪一天会被裁员。但是，如果一个人每天都把自己的高级机能充分激活，能在工作中十足地学到东西，能扎扎实实地、没有糊弄地过任何一天，他会害怕自己被裁员吗？不管在职场混多少年，最终能留下的就是我们对自己的充分发展，长在自己身上的在工作中开发的能力，带着这些能力，哪里不是学习成长的道场？混日子带不来能力的增长，反而牺牲了自己的未来。

有人不喜欢自己的工作，于是就选择"摸鱼"。我曾经说过：不以学习为目的的摸鱼，是用一种懈怠换另外一种懈怠。"摸鱼"不是不可以，但请不要忘了即使是"摸鱼"，也要在"摸鱼"中发展自己。

没有倦怠的工作，只有油腻了的人。我们在工作中要全情投入，把自己的五大网络全面激活。即使在同一个岗位上干很多年，也可以年年有新干法，日日有新创造。只要愿意投入，就能找到让自己发挥能力、发展潜能的弹性空间。每天都恰到好处地走出舒适区，我们的职场之路就会走得很扎实。

在我参加工作之前，曾经读到易卜生的一句话——"人生最重要的事情是把自己铸造成器"，这句话"电"到了我，成为我终身成长的座右铭。参加工作二三十年来，我最引以为豪的是我从来没有放松过自己的学习。从用友集团离职的时候，我跟王文京董事长说："在用友工作了 15 个年头，我最问心无愧的是从来不允许自己懈怠。能做到这一点并非因为我很高尚，而是我很清楚，工作是单位的，但人生是自己的，工作态度实际上是人生态度。"有时候我甚至觉得我的职业观蛮自私的，把自己的成长看得远比工作重要。而实际上，我这么做恰恰收到了组织和个人双赢的效果。岗位对我来说是一份挑战，更是一份机遇。我在岗位上 10 个年头，带领团队在教育学、心理学领域持续不断地提高专业，使得专业、实战、创新成为我们最独特的标签。于我自己而言，这 10 年学的比之前还要多，更何况还有那么多亲自实践的机会。我一直认为，作为员工，对未来最大的投资是在自己的成长上下功夫；作为领导者，对业务最好的投资是在团队的成长上下功夫。王文京董事长评价我的工作时说："俊国，你在一个看似不好发力的岗位上发力，在一个不好作为的岗位上作为，使得用友的企业培训不仅对内有极好的口碑，对外的知名度也非常高。今天，不得不承认，这已经成为用友品牌的一部分，而所有这一切远远超乎我们当初的期望。"

■ 做个遇事有招的人

没有任何一个工作可以按照预设的计划、预设的路径非常理想地进行，过程中一定会有这样那样的意外。计划总赶不上变化。拳王泰森说："每人都有计划，直到被一拳打到脸上。"权变的能力就显得格外重要。权变就是在意外发生的时候，你能够及时觉察到，并且解决这个问题，让事情再次回到正轨。这个解决问题的过程就非常挑战我们的五大网络，特别是联想网络、决策网络，以及反应网络，对应了创新能力、反应能力等。提高做事的权变能力，核心在于提升解决问题的能力。

解决问题的能力，就是有一套解决问题的思维方法，遇事有招。解决问题的能力才是生存能力，而知识不是。学富五车，不能解决实际问题也白搭。未来的世界是变化的，没有人能预知未来会变化成什么样子，但手上有解决问题的方法论，则可以以不变应万变。GE 公司内部流传一句话："在 GE，尽管我们不知道明天会遇到什么挑战，但是无论遇到什么挑战，我们都有应对它的方法。"遇到问题可以没有答案，但不能没有去追寻答案的方法。解决问题的方法是重要的素养，我们在学习中不仅要学知识，更重要的是透过知识的学习培养解决问题的方法技能。所谓方法技能，就是解决某类问题的一套框架流程和工具的集合。方法技能的总结需要一个去背景化的抽离过程，萃取方法技能的目的如同盖房子时用事先做好的预制板一样，正是为了下次遇到类似情境能做到快速反应。有丰富方法技能沉淀的人才能经得起时间的考验。行动学习、五星教学等都是典型的方法技能。我在《上接战略 下接绩效：组织学习新范式》的书里还专门有一章讲最底层的解决问题方法论——病构问题解决方法论，用 36 个字概括就是"定义问题、定义起点、定义终点、定义边界、探索可能、论证可行、形成方案、部署实施、复盘迭代"。总之，大脑积累了很多方法与套路的人，应变能力就高。所以，通过大量的学习把我们自己培养成遇事想招、遇事有招的人是非常重要的。

有一位学生问了我一个问题，他说："我现在是公司的中层，上进心很强，干任何事情都干得特别投入而且进步速度很快。但是如果我要能够跻身到公司高管的话，有至少两个岗位级别要跨，一个岗位得经历几年，另一个岗位也得经历几年。我算了一下，以我现在为起点，就算以最快的方式努力，到高管序列以后我可能就五十岁了，快退休了。田老师，你说怎么办？"他的问题里其实埋了一个很深的限制性理念，就是他认为岗位经历是升职的必要元素，没有经历就发展不出来能力。但我的观点与之相反，个人能力的提升和经历的岗位多少没有必然联系，而是和你在岗位上的干法直接相关。人的技能分为三种：岗位技能、方法技能和素质技能，它们之间的区别在于和情境关联的紧密程度。素质技能和情境几乎无关，可以迁移应用在任何一个情境之下，但很难培养；而岗位技能和情境关联得最紧密，4S 店的修理工就很难去面包房烤面包；方法技能在两者中间，比素质技能容易学习，又比岗位技能容易迁移。如果说要遍历很多岗位后才能晋升，强调的就是岗位技能的重要性。而岗位技能恰恰只是表面特征，越往上的领导岗位，越需要的是方法技能和素质技能。当一个人有了足够多的方法技能和素质技能的时候，他就能把自己在各种场景中解决问题的能力最大化，这才是晋升需要的关键技能。所以通过分析后，我回答道："你的干法决定了你的升迁。你在工作中学什么很重要，不是学很多具体的难迁移的岗位技能，而是在工作中发展出来一些比较通识的方法论，在工作中进一步提升自己的素质。只有把岗位技能的表面特征剔除，你才能看到工作这件事的核心特征和底层结构。把自己打造成一个永远有招的人，就是领导提拔你的最好理由。"

任何事情，无非就是大大小小各种各样的问题的组合。哪里出了问题，我们就用解决问题的框架去处理，久而久之我们就变成一个善于"权变"的人。我们大脑有一个不变的原理，就是"工作即开发""工作即学习"。当我们经历的大大小小的事儿多了，慢慢就会发现我们解决问题的能力越来越强。权变能力强了，与事对话的能力就变强了。权变能力是非常稀缺的能力，让自己成为一个永远有招的人，就需要在事上磨。事上磨，本身就是对我们自己的开发。

从经验榨取滋养

华为公司有一句话说得好："华为最大的浪费是经验的浪费。"这句话可以拓展到全人类："全人类最大的浪费是经验的浪费。"不要轻易放过一段经历和经验，如果能够从每一段经历和经验中榨取一点未来可能用得上的财富，日积月累这些财富就是人生的大智慧。每一件投注了精力、用心去做的事情都值得复盘。

■ 复盘是一种人生态度

我经常说，**如果你还没有把复盘当成一种工作习惯，也许你的人生还没有正式开始**。如果一个人在成功之前就能养成时时反省的习惯，在事业路上抗风险的能力就很强，从某种意义上讲，他更具备持续成功的可能。反之，即便取得暂时的成功，也必将会因为不具备反思能力而遭遇巨大挫折。

约翰·列侬曾说："所有事到最后都会是好事。如果还不是，那它还没到最后。"我倒是觉得这句话改成"所有的事都是好事，如果你认为不是好事，那是因为你没有认真复盘"更恰当些。对一个内外兼修的人来讲，世界上不存在彻底的完败。即使表面上看失败了，如果当事人能从中"吃一堑，长一智"，收获内在的经验教训，从而内在成长了，那也是收获。从这个意义上讲，无论事情成败，只要我们认真复盘，都会从中学到知识和智慧。

复盘就是站在终点回望来路，是解决问题的逆向工程。联想有著名的复盘四步法：第一步叫回顾目标（Goal），第二步叫评价结果（Result），第三步叫分析原因（Analysis），第四步叫总结经验（Insight）。把这四步对应的英文单词的首字母连起来就是 GRAI。但是我有一个自己独特的、更简单的复盘方法，叫"三找法"。联想的四步法中的 G 和 R 是可以合并的，一个是回顾开始的目标，一个是评价最终的结果，两者比照，其实只完成了一个动作，就是找差距。所以联想的四步法就可以变成"三找法"：找差距、找原因、找方法。找差距就是把 G 和 R 合并了；找原因就是分析原因；找方法，就是知道怎么做才能更好。

■ 找差距：永远对差异敏感

我们的一切烦恼无非是由两大差异引起的：主观与客观的差异、理想与现实的差异。当外在和内在不一致，现实与理想不一致的时候，我们有两种选择：努力抗争或调适自己。**主观世界与客观世界间的那条鸿沟，掉进去爬不出来就是事故，爬出来就是故事**。中国古人崇尚的修身方式是反求诸己，力求找自身的原因，这就促进我们反思和改进。反思的目的就是下次遇到类似的情境时能做出正确的决策和高效的反应。稻盛和夫把"每天反省"作为他的六项精进之一，认为反省就是耕耘、整理心灵的庭园。反思带来积极改变，改变带来能力的提升和适应力的拓展。经历和经验之间横亘着一个东西叫反思，无序的积累只是经历，有序的积累才叫经验，而反思正是把无序的经历用高级思维有序化的过程。

差距可以分为机会差距和执行差距。机会差距是由决策时的选择失误造成的，执行差距则是由执行不到位造成的，决策并没有问题。而找差距就是要把实际结果和当初预期目标进行比较，找到差异。以差距为抓手，有目的地回顾解决问题的过程，探寻造成差异的深层次原因。为了能方便找差距，我们做事的时候要做到事先有规划、事中留痕迹，最好有文字记录。

■ 找原因：拷问缘由的逆向工程

人类最大的愚蠢是重复同样的行为，却期待不同的结果。 对结果不满意，就要追溯造成差异的原因，修正做事方式。复盘就是有意识地对过往的经历和经验加以审查，其目的是优化决策或改进流程。找原因也要从两方面入手，一种是因为决策时认知水平有限，假设的条件与实际情况偏差很大，就要通过复盘提升对事物的认知水平，匡正部分决策信念。影响人们决策的并不是事实，而是信念。另一种是优化做事流程，使下次遇到类型情境有现成的套路，反应更及时高效。比如，销售不达标，原因可能是忽视了互联网销售这一重要的途径所致，没抓住机会，属于决策失误所造成的机会差距，复盘需要提升认知水平。也可能是因为人员能力不到位或方法不对头，就要优化流程、提炼方法论或加大员工培训力度。

找原因也有一个持续逼近的过程，也许复盘后找到的原因也未必是根本原因。如果是那样的话，在实践中必然遇到新的问题，再找新的差距，再找更深层次的原因和方法，螺旋迭代地进行下去。用ACCP循环解释的话，找差距就是以冰山上的差距为线索来探究冰山下的部分，找原因就是探究到冰山下的认知部分。同样的外部刺激，内在认知不同则反应不同，反应不同结果就不同。复盘是逆向工程，就是以结果的不同来探究认知的偏差，从而优化对外部世界的认知模型和反应方式。

■ 找方法：更高效能的反应方式

在找到核心原因之后，就要思考以后遇到类似情境应该采取的更合适的措施，以期获得更理想的结果，这就是复盘的最终目的，也是ACCP循环的关键。如果是决策失当造成的机会差距，复盘的结果是修正决策的维度；如果是执行不力造成的业绩差距，复盘的结果可能是优化做事的方法流程。

很多人热衷于学别人的方法，殊不知所有的方法都有特定的假设、目的、缘由和适应范围，知其然不知其所以然地套用别人的方法，就容易沦为别人方法的奴隶：流程跑完了，效果却没出来。从自己真实经验中总结出来的方法就不一样了，知其然又知其所以然，所以能灵活运用。所谓的"所以然"有两层含义：一是知道"要什么"，二是知道"为什么"。**知道"要什么"和"为什么"的人几乎可以克服一切"怎么办"的困难**。很多时候，表面上看是不知道"怎么办"，实际上是不知道"要什么"和"为什么"。而我总结的复盘三找法恰是在回答这三个问题：找差距对应的是"要什么"，找原因对应的是"为什么"，找方法对应的是"怎么办"。任何时候，"要什么""为什么"和"怎么办"全都清楚的人才算明白人。

有意识地学，无意识地用

复盘的本质是经验学习，我用一句话总结其价值：**有意识地学，无意识地用**。在做任何事的过程中都不会是一帆风顺的，那些意外的处理，那些超额完成或者未达成的目标，都值得我们复盘。很多人不想、不愿、不敢回看发生的那些"事故"，我觉得非常可惜，白白浪费了上天送给你的礼物。史玉柱早期做巨人集团，后来因为建大楼资金链断裂导致公司失败了。从此以后，他和他的团队就把复盘反思当成一个很重要的习惯，之后才具备持续成功的能力。有一句话说得好："当生活给了你一记重拳，不要急着反抗或者逃避，也许拳头打开，是满手的糖果呢？"复盘就是把拳头打开的那把钥匙。虽然尼采说过"凡是杀不死我，必使我更强大"，但是我更想强调的是："**杀不死我的未必使我更强大，只有复盘那些杀不死我的，才能使我更强大。**"伤痛和智慧之间的桥梁，一定是复盘。不复盘，失败就还是失败，伤痛仍然是伤痛。

复盘的目的和练兵一样。闲时刻苦练兵，为的是关键时刻能打硬仗。我认为所有的学习都是有意识地学，无意识地用。当遇到严峻挑战时候，挑战本身占据了我们绝大多数注意力，在那个当下很难从容地从潜意识中调取适合的方法并做出合适的反应。解决这个问题的关键在于平时复盘做好预案，关键时候就能下意识地做出反应。比如，我主张"有情绪，必复盘"。有学生就说："老师，跟你学习之后，我努力在每次情绪失控后都复盘，但脾气起来之后还是控制不住，怎么办？"我回答说："临事不能觉察，还是因为复盘的频次和深度不够。复盘不够彻底，反思不够深刻。"正如阳明先生所言："省察是有事时存养，存养是无事时省察。"临事的反应和平时的修养是相辅相成的。

第9章

与众对话：借圈子发展和实现自我

三人成众，三个人以上就形成一个社交圈子。人性溶解在每一个人中间，如果这个社交圈子足够大，那人性的方方面面就都会体现在里面。一个人在独处的时候和在社会化环境下的表现是不一样的，如果我们处在一个和多人交往的圈子里，就能感受到这个圈子里有一种无形的力量客观存在，我将其称为"场域"。相比于与人对话、与书对话、与事对话，与众对话最明显的不同就在"场域"上。因此，弄懂如何在与众对话中学习的问题，等同于知道了如何借助场域发展和实现自我。

场域：与众对话的社会背景

　　在一对多的与众对话场景中，ACCP 循环模型中的"吸收（A）"和"表现（P）"都体现在个人与场域的互动上，一个是我从场域中获得了什么，另一个是我要给这个场域贡献什么。多个人形成的一个场域，每个人都是这个场域的贡献者，每个人在这个场域里也是获得者。当然，贡献者和获得者都是中性的，贡献的可能是好的也可能是坏的，获得的情况可能是受益或者受害。场域中人的状态对场域的影响最大，每个人在影响别人的状态的同时，也在受别人的状态的影响。场域中的我是别人的环境。所以说，在一个三口之家中，任何一个人都是别人环境的50%；而在两口之家，每个人都是对方环境的100%。好的场域能够促进个体的学习，但想要营造好的场域，每个人都不能只受益而不付出，如果每个人都不愿意为场域贡献，场域就好不了；当然每个人也不能只付出而不受益，否则个体的学习目的就无法达成。所以每个人对场域的贡献和获得一定要均衡。场域里的每个人，既作为环境的一部分存在，又作为学习者个体独立存在，这是场域最大的特点。

为什么我们需要在场域中学习呢？我曾经说过，社会化经验学习的本质就是跨脑联机式的学习。每个人都是带着自己独有的数据、独有的算法进入到场域里的。在场域里人和人交互的过程中，大家互相交换各自的数据和算法，这时候的场域就像一个思想交换的大市场。比如，在场域里大家都接收了同一个刺激，但是每个人的感知、联想、决策、反应都不一样，任何一个人表现出来的这种不一样，都能让其他人学到。如果在一个场域中大家群策群力地去解决一个问题，其本质就是聚集大家的算法和数据，借助大家的脑力，创造发展出新的算法，这时候的场域就像一个集体思维的加工场。从学习的角度来看，跨脑关联式地迭代算法、交换数据，就是场域的价值和意义。

在一个社会化的场域中会包括两种角色：一种角色是场域的主导者，另一种角色是场域的参与者，这两种角色都能够在场域中学习。

■ 场域主导者的学习

场域主导者，经常表现出来的身份是老师和领导。但是领导其实也有一重身份是下属的教练，即老师。所以老师一定是营造场域的最积极主动的主导变量。那么，老师自己该如何在这个场域下学习呢？这就是教学领域提到的一条原则：**教是最好的学**。

在教育教学领域，我觉得最误导老师们的就是所谓的"蜡烛隐喻"，它告诉老师们要牺牲自己照亮别人，但是，为什么老师就一定要是那个"牺牲者"呢？我旗帜鲜明地反对"蜡烛隐喻"，我一直认为，教学不是奉献而是学习。稻盛和夫说"唯有工作才是最好的修行"，就是把工作和学习合一了，这句话对老师来说同样适用。老师的教学工作和老师自己的学习并不是对立的，而是合一的。在课堂上，老师是站着的学生，学生是坐着的老师，不关乎身份，只关乎状态，谁在学习态谁就是学习者。课堂是让学习真正发生的地方，老师要发自内心地认为课堂也是自己学习的场所，只要处在学习态，就能够学到很多。

带着学习态去教学，有一个绝招就是在心里给自己树立一个"小目标"：每一堂课下来我自己的收获要比学生大。这其实是给自己下了一个"心锚"，让自己在每次课的课前、课中、课后都能够把自己学习目标的实现放到整体的教学中去。

怎么能让自己的收获比学生还大呢？具体的招法是设计教学中的"三刻意"：刻意运用、刻意练习、刻意抒情。

刻意运用，就是想方设法把自己最新的读书心得、实践感悟运用到课堂中去，在课堂上刻意地去引用它们。老师的很多理论、方法的源头都是读书读来的，但是要把它们都发展成为自己的理论，就要敢于在课堂上刻意运用。把它们刻意运用到课堂上，如果用得灵，果然如书上所说，就把这个理论、方法闭环了，闭环了就可以继续升华；如果用得不灵，那就去仔细地复盘，看哪些地方还要再改一改、变一变，下次再用用试试。所有的理论要能变得有用，都必须结合自己的实践。当每次刻意运用后都做复盘迭代，久而久之，这个东西就会内化成自己的了。

我记得很清楚，"算法升级、数据重构"这八个字是我在第七期专家型导师特训营的行动学习模块的课堂上首次提出来的。在上这次行动学习模块课程之前的一周，我看了一本书叫《深度学习》。这本书是研究人工智能是怎么学习的，看完了之后我就一直在大脑里琢磨怎么把深度学习的理念迁移到自然人的学习中。在行动学习那一节课的开场白里，我就提出了算法升级和数据重构的概念，我试着用这八个字嫁接人工智能的学习和自然人的学习。如果从算法和数据的角度看行动学习，行动学习的本质就是社会化场域条件下数据的交换和算法的迭代升级。在行动学习中，每一个人都带着自己的经历和经验，每一个人都借助社会化的场域来提升自己的思维模式元程序，借助别人的经历经验来丰富自己的经验数据库。当我在课堂上刻意运用刚学到的人工智能的学习方法时，就为行动学习多提供了一个维度的视角，也为后面我迭代自己的学习力跃迁理论多了一个砝码。

刻意练习，主要是提升自己反应网络的算法。我在"上下打通：

把觉知转化为习惯，把经验转化为智慧"那一章讲过把刻意练习当作"把觉知转化为习惯"的重要方法。社会化场域当然可以作为刻意练习的训练场。一定要腾出一部分高级机能的资源，有意识地在每一次教学过程中做一些不一样的变化。做刻意练习不是学生的需要，而是自我开发的需要。刻意练习的几个关键步骤要记牢：第一，要有明确的目标；第二，带着套路练习；第三，恰到好处地走出舒适区；第四，大量的重复；第五，及时有效的反馈。注意，刻意练习最忌讳"贪"，不要想着在一堂课上一次练习很多技能，走出舒适区一定要"恰到好处"，否则容易进入"惶恐区"。

刻意抒情，是锤炼老师在课堂上语言运用的能力，恰到好处地让信息流和能量流和谐地配合。信息流是语言中的语义部分，能量流是语言中的情感部分，还包括语音语调、肢体语言的表达。把语言表达区分为信息流和能量流，就能让我们进一步细化运用语言的颗粒度。把话讲出来和把话讲到人心里去，这是两码事。曾经有一位在音乐领域有点建树的老师说，必须得知道情感是一种资源，运用它要恰到好处，任何时候都要把情感恰到好处地注入，信息和情感应该像互相配合着共同跳一支舞。我们在生活中也能观察到，有些人就是有极其优秀的表达力，而有些人讲话就会显得只注重逻辑而缺乏情绪感染。那种信息流和能量流兼具的语言，就像是大合唱，所要表达的意义部分、逻辑部分、表情部分、肢体部分、语音语调部分、情绪部分都有恰到好处的相互配合。太注重信息流会显得干巴巴，太注重能量流则又会显得过度夸张。如果你还没有那种一字一句都能把话送到学生心里的语言功夫，就需要在课前设计课上需要刻意抒情的部分，该走心的部分就不要走脑。

■ 场域参与者的学习

如果我们在场域中的身份是参与者，一定要想着在场域中收获的同时还要贡献。每一个人在场域中都有两个身份，一个身份是"I"（我），一个身份是"We"（我们）。"I"身份是一种分别能量，用于凸显自我；"We"身份是一种连接能量，用于连接彼此。我们要意识到自己在场域中的"We"身份，意识到每个人都应该为这个场域的"We"做贡献，每个人都要参与建场、养场、捧场、护场。如果场域上"We"能量十足，场域主导者和参与者、参与者和参与者之间就会模糊了身份的界限，那种同频共振的互相激发的状态就容易建立起来。而"I"能量十足，那就是每个人都在守住或强化自我的边界，就很难建立相互的连接。状态是能量的管道，状态建设不够好，能量管道就难通畅，知识传递、思维激荡就难发生。人人为我，我为人人，我们在为场域奉献的同时，场域也回馈以良好的学习环境和激昂的学习状态，好的场域会让每个沉浸其中的人都更有收获。**场域（"We"）以索取的方式赠予，个人（"I"）以奉献的方式获得。**

建设场域，人人都有义务；场域被破坏，人人都有责任。每个人都在享受场域带来的价值的同时，也要记得为场域建设贡献自己的那一分力量。如果能进入人人建场、养场、捧场、护场的良性循环，人人都具有"场意识"，场域主导者不用施加任何干预，整个场域就会进入一个自动巡航状态。最厉害的场域是什么样的呢？就像老子在

《道德经》里说的"太上不知有之"一样，大家都觉得老师或者领导是多余的，只要有这个场域，参与者们就可以在其间学得很开心。反之，如果每个人都挖场域的墙脚，你偷一块砖，他拆一片瓦，整个场域就进入了一种恶性循环，直到这个场域的大厦轰然倒塌，每个人都变成场域的受害者。

即使大家都想要尽快把场域建设好，但有时候破冰是很难的。刚进入一个新的场域，每个人都在观察别人怎么做，每一个人的注意力都有一部分在捍卫自己的边界，这是非常自然的反应，在陌生的环境中防御，表现出来的就是大家都很矜持，个个端着、装着。甚至还有很多人会带着原来的场域信息的惯性，有的企业文化就是相对内敛，他们不可能到了一个新的场域就一改他们的形象变得热情奔放。有经验的场域主导者会用很多方式在场域建设之初做一些破冰的活动，推动场域参与者们逐步把能量投注到场域中去。随着大家越来越熟悉，有些人就愿意打开自己的边界和大家连接。当大家之间的连接越来越多时，场域中的连接能量就越来越多，那些让人自我防御的分别能量就会越来越少。一旦大家都把全部的精力用于和他人连接，就忘记了捍卫自己的边界，这时候每个人的自我临时瓦解，就会达到场域能量的最高表现——集体心流。一旦达到了集体心流状态，每一个人就能收获更多。

在用友工作期间我曾经给一个事业部讲课，授课刚开始我就发现他们的情绪特别低落，整体课堂的氛围很不好。我激情澎湃地讲了半小时，但学生们一个个都像霜打的茄子一样蔫巴巴的，即使勉强让他们在课上分享几句，我也能感受到他们的语言里带着一种戾气。后来我才知道这个事业部在当年工作得特别努力，他们自己觉得已经做得特别完美了，但客观的市场情况不好，导致他们整个事业部的奖金打了七折，所以从事业部总裁到下面的部门员工一个个都怨气冲天。我及时停下我的讲课，特别耐心地和这些人兜了两个半小时的圈子去建设场域，期间我鼓励他们倒苦水，我做一名同理倾听者。等他们把苦水倒完了，我就惊奇地发现这些人的话匣子打开了，真正地开始参与课堂学习了，后面一天半的课堂场域就特别好，最后教学达到了较好的效果。所以我在那一次就总结了一句金句："苦水倒不尽，知识就进不去。"

在场域中，什么样的人才能学到更多？我总结的经验是，对场域的贡献和在场域中的收获能达到收支平衡的人学到更多。

不能只吸收而没有贡献。有的人不愿意发言，我们会发现他越不表现就越能量紧缩，学到的就越少。道理也很简单，正是因为他自己不在场域中表现，也就得不到场域给他的反馈，就得不到大家对他的注意力的加持和赋能。我常说，反馈和反思是塑造人的两把刻刀。外界反馈引发反思，得到的反馈少，引发的反思就少，学到的就有限。主动寻求反馈是一项非常重要的学习能力。同时，自我表现也是学习的重要环节。根据场域的需要，结合自己的旧知与经验做创造性的发挥和适应性的改造，然后把自己的算法和数据贡献给场域，这个过程本身就是对自己高级机能的运用和开发，就是对五大网络的充分激活。所以，主动表现输出的过程是学习，主动寻求反馈的过程也是学习，那我们为什么不去做呢？

我的公开课上曾经来过一个高校的老师，那一次课堂的场域氛围很好，但是他总是一言不发。我重点观察了一下，发现他一直在思考，但似乎并没有形成课堂发言的习惯。在第一天的小组研讨候选代表的发言阶段，我建议那些发言比较少的学生来汇报，他就被小组推选出来。实际结果是，他的发言特别精彩，思考很有深度。我首先对他的发言内容做了点评，随后又对他的表现做了点评。我说："我感觉你这个人蛮自私的。为什么呢？因为在这个课堂上，每一个学生的旧知、经验和理解都是帮助大家消化新知的酶，作为学生，你有义务把个人的旧知、经验和理解奉献出来，作为老师我有义务把每个学生的旧知与经验激发出来。你有这么深刻的思考和理解，居然憋了一天都没说出来，这对我们的课堂是一个极大的损失。所以我说你是自私的。我非常期待你在未来的几天课里，把你最深刻的思考无私地贡献出来。"这段点评对他的触动非常大，后面他表现得越来越活跃。半年后他又遇到了我，对我说我的这个点评改变了他的生命状态，他再也不躲在事情的后面了，更积极地参与到各种生命事件中去。

想要让自己在场域中学到得更多，就要让自己能够有更多的"自我暴露"。前面曾经讲过社会化环境中的极化现象，也就是98%：2%的现象，很多东西如财富、知识、智慧、名声往往聚焦在头部2%的人群中。而这2%的头部人群成功的原因就是勇于贡献，或者说是勇于"自我暴露"。在场域里的自我暴露，能得到大家的反馈，不管是掌声还是意见，这些反馈要么滋养我们的自信心，要么能促进我们的反思。不管是滋养自信还是促进反思，都会进入一种良性循环。罗振宇说过一句话："每个行业红利的分配都倾向于那些善于表达的人。"我们的点滴收获都需要注意力资源的投注，不管这个注意力资源是我们自己的还是别人的。**注意力资源投注得越多，我们的表现就越好；表现得越好，就越能吸引外面的注意力资源。**于是滚雪球的马太效应就会让这 2% 的头部在社群中逐渐凸显出来。注意力资源的聚集造就了互联网时代的头部现象，谁掌握了这个注意力原则谁就掌握了在这个时代成功的密码。

借场域修自己

人终究是一种社会性动物。自我的建立离不开社会环境，如果没有社会环境，恐怕我们自己都不知道自己长什么样子。如果生下来就被关在孤岛上，我永远都不会知道我的课讲得好，因为是大家都觉得我讲得好，我自己才信了。自信源于他信。所以我们一定要知道的是，每一个大脑的五大网络的发展都离不开社会环境，所有的学习都是我们五大网络和社会环境持续互动的结果。

自我是把双刃剑，自我太大不好，自我太小也不好，要恰到好处。自我大的人的优势是自信心强，遇到任何挑战他都觉得不是个事儿；然而他容易自负，容易进入批判态而不在学习态，慢慢就会把自己封闭起来了。自我小也是两面的，坏的方面是容易让人陷入自卑的低能量状态，控制点在外，把别人的指责内化成自己的不自信；好的方面是谦虚，能够不断地用怀疑和批判自己的精神促进自己进步。每个人都可以发展出自己的优势，根本没有必要自卑，也没必要太过自信。每个人只要刻苦努力，不断地激活高级机能，都会发展出自己的做事风格，而且能不断地优化和迭代。根本没有必要去羡慕谁情商高、谁智商高，上帝给你关了这个门就会为你打开那扇窗。重要的是自己要有意识地学习，让自己的内在越来越和谐。持续成长、不断超越自我是一辈子的事情。越超越自我，你越容易感受到深层次的快乐。人人都有自我超越的需求，而这种深层次的快乐是精神满足的感觉。

通过有意识地觉察，我们会发现，在自我和社会环境互动的过程中，常常暴露出自我的一些劣根性，背后反映的是一些很低效能的人际关系模式。这些模式的形成，大多都源于原生家庭的影响。成年之后我们如果不去有意识地觉察和提升的话，很可能伴随我们终生。但是这些不好的模式并不是我们不去参加社会活动的借口，恰恰是我们要去参加社会活动的理由。**人际关系模式越是存在问题，越要在人际关系中去修炼。**事实上，你跟任何人的关系其实都可以是，也应当是陪伴成长、协同进化的关系。当你觉得跟有些人很难相处、不是一路人的时候，本质上是你自己与人连接的能力不足，这些人、这些事是在提醒你：你该修炼了！

那么，修炼的标准是什么？我将之提炼为：和谐、独立、滋养。

第一，要修炼和谐。也就是说，在一个社会环境中，我们能够做到内在能量不分裂，能做到比较真实、自然。如果一个人在社会环境里的表现和他在独处时的表现非常不一样，就说明他在社会环境里在"装"，于是这个"装"就会额外消耗他很大一部分能量，展示出来的他自己就是一股能量征服另一股能量的状态。时间长了，人就像戴上了一个隐形的面具。但维护这个面具是需要能量投入的，这部分能量投入到了"装"，就不能投入到其他更重要的方面去。和谐，大概就是《坛经》里说的"一真一切真，万境自如如"的样子。

比如，我的梦想，一开始是"活着是为了改变中国教育"，后来我发现使命愿景太大，有时候会消耗我，会让我太执着，甚至会让我内在有点分裂。于是在 2019 年 7 月，我就改成了"活着是为了淡定地改变中国教育"。为什么要加个淡定呢？就是我需要我的内在分分钟都是和谐的，努力有可能是不和谐的，因为努力的定义就是用一种能量征服另外一种能量，凡是用征服的方式，它不一定都是内在和谐的。

第二，要修炼独立。所谓独立，就是要像尊重别人一样尊重自己，要像尊重自己一样尊重别人。真正的独立是既不依赖别人，也不过分地用爱烫伤别人，既不当拯救者也不当受害者。没有了领导你就会六神无主，这说明你不独立；反过来，你是一个拯救者，见谁都想帮，这也是不独立的表现。过分依赖和过分干预都是不独立的标志。每一种的不独立都会造成能量的额外消耗或者能量的压抑和浪费。能够在社会环境中做到不刻意、不随意，不将不迎，不推不揽，谁的功课谁修，这还是很难的。

很多领导不喜欢授权，觉得员工该照着他的主意去执行。这是一种传统的授权观，是只用员工的四肢和领导的大脑一起来做事。但这就会产生一个问题，员工对领导会越来越依赖，员工永远无法成长。有一句话叫"成功的领导者能够把自己的下属培养成领导者"，这才是对成功的领导者的定义。因为只有你的下属能够独立，你才能够往更高的职位上晋升。

第三，要修炼滋养。所谓滋养，就是既能够恰到好处地给出爱，也能恰到好处地接受爱。恰到好处地爱是一种能力，任何狭隘的爱都能造成伤害。这世界上很多人与人之间的关系为什么会变得越来越扭曲，原因就在于爱的方式不对。各种负面情绪背后都是扭曲了的爱。如果把人与人之间的关系想象成一个"关系账户"，关系双方往这里面存的不是看得见的金钱，而是那些看不见的，比如关心、赞美、同理心、深层次互动等。往关系账户中投入得越多，对双方的滋养就越大。

一位高校老师给我分享了他的一个故事。有一个学期，他教了几个新的班级。其中有一个班级的学生非常不活跃，参与课堂互动非常不积极。即使他针对这个班做了很多教法上的调整和改变，还是不见成效。最后，他决定从师生关系入手再尝试。在一节课上，他真诚地邀请这个班的同学们和他一起探讨几个问题："咱们已经认识了几节课了，你们觉得，我这个老师身上有什么优点是你们喜欢的，是你们想要我继续保留和发扬的呢？我身上有什么缺点是你们不喜欢的，是你们想要我抛弃的呢？同时，反过来，你们觉得咱们班的同学们在课堂表现上有什么优点是值得发扬的？又有什么缺点是需要抛弃的呢？"提出问题之后，他首先敞开心扉，针对这几个问题，剖析了自己的心路历程，和对自己的表现、对同学们的表现的看法。他真诚而开放的状态深深地打动了这个班的同学们。随后同学们也都纷纷参与到对这几个问题的深入讨论中。最后，全班共创出来一整套的规则，在这个规则下，这位老师能够最大限度地在这个班上发挥所长，同学们也能按照他们喜欢的规则和方式和老师做好互动和参与课堂活动。师生共同承诺在这个学期遵守这个规则，并额外确定了对这套规则的动态调整机制。这一堂课，专业知识一点都没教。但是，从这堂课之后，这个班的班风大变。师生之间的那种互相信任、相互尊重与相互合作的关系，让他为之心醉。

和谐指的是你的内在和谐，独立指的是你的边界独立，滋养指的是你跟对方之间是相互滋养的关系。真正厉害的人，能够把不是滋养的关系改造成滋养的关系。如果你知道哪些不是滋养的关系，那你就努力去改造它，你就能够在关系中受益，这就是所谓的"幸福是一种能力"。别期待一开始就有特别好的关系，关键是你要允许自己的内在小孩慢慢长大，这样你就能够处理好关系，把各种各样的消耗关系变成滋养关系。

因为你独立，你能够带动更多的人独立；反之，你的不独立会让周围的人不独立。因为你和谐，你能够带动更多的人和谐；反之，你的不和谐会带动周围的人不和谐。因为你和别人是滋养关系，别人也会从你这里得到滋养；反之，你和别人是消耗关系，别人也就会跟着你被动消耗。独立、和谐、滋养一旦形成良性循环，就会越来越良性，所以每一个人在场域中很重要的事是修这三条。

孔子能够做到"从心所欲而不逾矩"，不是他生而有之的，而是他七十年来长期和社会环境持续互动的结果。不断地在社会环境中表现自己，获得反馈，引发反思，学习改变，再试探边界，再迭代自我，如此循环，终有大成。借助场域修炼自己，这是自我发展的重要路径。

把自己奉献给系统

作为社会动物的人，把自己看作独立的存在是片面的。在社会环境下，每个人都同时扮演着多个角色，每个角色的背后都对应着一个社会系统。每个人都是社会系统的成员，不自觉地为系统服务。个体不自觉地在系统中扮演角色，承担责任。个体的很多行为实际上受系统的影响很大却常常不自知。比如家族系统，心理学家荣格发现：一个家族里存在着一个没有人格的摩羯（命运），它从父辈向下传承给子辈。任何人都是自己家族漫长进化接力过程的一棒，每一棒都有自己的使命，回到自己家族传承上寻找"此生为何而来"的答案非常有必要。"家庭系统排列"疗法的创始人海灵格正是发现了每个人背后的家庭系统，才使得人们能够从更大的视野、更长远的框架去觉察那些人们平时意识不到，却实实在在影响我们身心的系统力量！

如果一个人能尽早地意识到自己是属于系统的一部分，受系统影响，为系统服务，就可以主动地与系统连接，顺势而为地运用系统的力量推进很多事情。系统好比看不见的磁场，离系统中心越近磁力越强烈。因此，个体要把自己奉献给系统，主动承担系统的责任。反过来，个体主动为系统承担的同时，也获得了系统无意识的能量加持。

有学生问我："田老师，你真的相信人是有使命的吗？真的相信人生是为了一个大事来的吗？"我开玩笑说："假如有一粒药丸，吃了之后能够让你一辈子的能量聚焦在一个领域，全力以赴地投入到一份事业中来，你愿不愿意吃？"他想了想说愿意吃。我说这个药丸就是愿力。愿力不需要科学论证，仅仅是信仰和选择。只要你选择相信，使命的直接作用是让你终生的能量聚焦，让你能够更好地激发自己的潜能。智慧的人很早就给自己的人生设置了一个 GPS 导航，定好了一个目的地。乔布斯活着是为了改变世界，提出这个愿景的时候他的实力还很弱小，但这个愿景让他和他的团队能量很聚焦。

如果一个人找到了真正属于自己的清晰的愿景和使命，自身的内在能量运用就会聚焦。生命是短暂的，只有把内在能量长期持续地聚焦在某一个领域才可能有所作为。一旦找到清晰的愿景和使命，生活就会变得从容而坚定，不再为感性的烦恼所困扰，只会想办法为冲破束缚而突围。知道"为什么"的人几乎能够克服一切"怎么样"的问题。唯有找到自己的最高目标，为它而活，生命才能充实、圆满，也更有创意。

我刚开始创业的时候，就厚着脸皮提出："活着是为了改变中国教育。"改变中国教育是多大、多难的事？但是我既然投身教育事业，就要给自己的潜意识设置个导航，我心里很明白，这句话更多是在说给自己听的，让我的潜意识能量不思量、自难忘地投入到这个目标，让我身心合一地为这个目标全力以赴，一有闲暇时间就想着还能为这个目标做点什么事情。其实我这个人比较率性，并不喜欢做详细的工作计划和具体的日常安排，甚至有时候连年度经营计划都懒得做，到每年年底回顾的时候，觉得做了一大堆事情，所做的工作量和取得的成绩连自己都惊讶，甚至都不敢相信这些都是我做的。其实我也不是三头六臂，就是能量聚焦罢了，这就是给潜意识植入导航目标的效果。

我创业两年后，有人在我的公众号后台留言挑战我说："你说你活着是为了改变中国教育，就凭你的小公司，五六个人，七八条枪，办几个班，做些内训，你啥时候能改变中国教育啊？"受其留言的影响，我索性把愿力修正了，改为：活着是为了淡定地改变中国教育。中国教育的改变确实非一朝一夕的工夫，也非一人之力所能，但是，我愿为了这个大愿奋斗一生，无论结果如何，都没有遗憾。正如王安石所言："尽吾志也而不能至者，可以无悔矣，其孰能讥之乎？此予之所得也。"

此后再有人问及我的大愿时，我会淡定地说："我给你讲个故事。有只小蚂蚁要去朝圣，它迈着小步一步步地朝圣地前进。有人嘲讽它说：'你个小小的蚂蚁，腿那么短，爬得那么慢，圣地又那么远，何时才能爬到圣地啊？'小蚂蚁听了，挥了挥小手擦了擦头上的汗，不紧不慢地说：'我也不知道这辈子能不能爬到圣地，但是，只要我行走在朝圣的路上，内心就足够幸福了。'毕生朝着目标前进，就是很幸福的事情。"愿力就是自己给自己设定的，自己认领一份责任的同时，也获得这份责任背后隐藏的巨大动力。

很多人的人生都可以分为前后两段。前一段是努力地把自己铸造成器，非常贪婪地去学习，发展自我。但当学富五车的时候，我们就会发现学这些东西只运用在自己身上实在是太狭隘了，就会进入后一阶段，把自己的所学奉献给社会。这就像蝴蝶的生长，第一个阶段是青虫阶段，拼命地吃、拼命地长；第二个阶段就是羽化成蝶，美丽绽放。我们的学习成长是从社会环境中来，我们最终的成就也要靠为社会做贡献来实现。

　　每个人都要回归到系统中去找到自己的使命，把自己的生命奉献给系统的同时，也就能连接上大愿，开发了第二动力。李一诺在《臣服实验》一书的序中写道："做成一件事，首先因为这件事是一件对的事，所以如果不是甲做，也会有乙做。不是我做，也会有别人来做。我们如果有机会做这件事，是因为我们恰巧在某个时间、某个情境碰到了这个机会，成为做成这件事的'工具'。那我们能做的，不是觉得自己是救世主，而是自己这个'工具'不断'变得更好'，把这件事做成。"很多人误以为具备了某种资源和能力才可以开展某项事业，而真相却是，你一旦发大愿要把自己奉献给某项事业，你不仅会让自己的能量聚焦，还会得到系统的能量加持。

第10章

与己对话：终身学习与自我发展

不管是与书对话、与人对话、与事对话还是与众对话，过程中都伴随着与自己对话。归根结底，学习的目的还是让自己变得更好，与自己对话才是让学习发生的必不可少的关键动作。学习的目的是改变，而人可以改变的点有很多，不同改变的价值也不同。学习具体的知识只能帮你提升见识，学习具体的技能只能帮你提升工作效率，其价值就远比不上激发你立志的价值。前者属于行为反应层面的改变，后者则属于角色认知层面的改变，价值相差很大。

自我系统与五大心智

　　与己对话的水平取决于我们对自我理解的深度。我们的自我是怎么形成的？一言以蔽之，自我是我们自己的五大网络系统和社会环境长期互动的结果，是个体小系统与社会大系统在长期相互作用和相互影响中形成的。自我一旦形成，就会比较稳定，所以人们常说："江山易改，本性难移。"但荣格却说："你生命的前半辈子或许属于别人，活在别人的认为里。那把后半辈子还给你自己，去追随你内在的声音。"荣格呼吁我们后半辈子重塑自己，直面"本性难移"的挑战。修身对任何人而言都是一辈子的功课。说本性难移是因为我们并不确切地了解本性的本质以及本性的形成。

人是社会动物，我们并非出生在一片土壤里，而是出生在一个社会里。脱离了社会，每个人都不能单独地成为他自己。家庭是人降生在世的第一个社会，自然成为人学习社会技能的第一所学校。人生下来是弱小的，生活不能自理，吃喝拉撒都仰仗父母的照顾，三年始免于父母之怀。孩子会把父母围着自己转的感觉泛化，以为外部系统本该围着自己转，就像早期人类以为地球是宇宙中心一样妄自尊大，被娇惯多了就养成唯我独尊的习性。这就是人类心智的原初版本：**唯我性心智**。从脑科学的角度看，所有的习性背后都是愉悦回路，每每对小孩需求的无条件满足都是在帮他巩固以自我为中心的增强回路。倘若偶尔不能满足其需求，他就会放纵自己的内在狗熊伤人。唯我性心智的内在系统被内在狗熊主宰，放纵内在狗熊的结果是活成自己欲望的奴隶。当然，外部系统有其自身的运行规律，任何个体都不过是社会系统中的一个成员，没有人可以摆脱社会而独立存在。走出自己家庭参与社会活动的孩童很快会发现小伙伴们并不会围着他转，唯我独尊的幻象很快就会被无情的现实击碎。

置身于社会，孩子们逐渐感受到社会是一个比自己的家庭更大的系统，有大家共同遵守的相处规则。他们在相处的过程中逐渐养成遵守规则的习惯，大家都遵守约定成俗的规则才不至于相互伤害，规则对每个个体而言既是约束也是保护。再长大一点，孩子会感受到外在的有条件的爱："做到 ××，才能得到 ××。"为了得到想得到的东西，孩子要不死磕自己以换取外在的认可，要不压抑自己以符合外在的要求，甚至把外在的条规内化为自我约束，就逐渐发展出**反应性心智**，不仅自己自觉遵守规范，而且会监督和督促他人遵守规范。反应性心智是个体融入社会大系统的必须，但副作用是容易以别人为中心，更在乎别人对自己的看法，委屈自己甚至自我伤害。如果一个人活在别人的认为里，就迷失了自己。查理·佩勒林曾经把社会背景对人行为的扭曲力称为第五力，社会环境下每一个人都不可以为所欲为。对每个人而言，能够多大程度上做自己才是真正的课题，我认为修身的功课就是尽可能多地做自己。康德说："所谓自由，不是随心所欲，而是自我主宰。"随心所欲是一种被自己的欲望绑架，从而不能成为自己的唯我性心智状态。我以为，还有另外一种不能自我主宰的状态，那就是在社会环境下活在别人的认为里，为了得到别人的认可而扭曲自己。因此，康德的话可以优化为：自由既不是随心所欲，也不是随波逐流，而是自我主宰。唯我性心智主导的随心所欲的感觉和反应性心智主导的随波逐流的感觉一样，都是对生命能量的无谓消耗。

独立是成熟的重要标志，既能做到内在和谐，不放纵自己的内在狗熊伤人，也不过度压抑自己憋出内伤。换句话说，真正的达人能够在自我小系统与社会大系统中悠然自得，这就发展出**创造性心智**。拥有创造性心智的人总能够在遵守社会规范的同时，努力探索活出自我的空间，他们是"戴着镣铐跳舞"的高手，总能在各种束缚与限制中找到一个弹性空间，巧妙地寻找自己的用武之地，植入自己的梦想，绽放自己的才华，活出自己的风格，真正做到自我主宰。在任何游戏规则下，在满足社会规范的前提下，他都能发挥自己创造力，成为赢家。客观上讲，每个人都处在受限制的环境中，没有人可以自由到为所欲为的程度。所以，创造性心智更像一种积极的心态。电影《肖申克的救赎》中有一句台词说："有一种鸟是关不住的。"在创造性心智者眼中，所谓束缚、限制的唯一作用就是界定他们创造的空间和边界。心无挂碍，哪里都有自由，随处都能找到自由发挥的空间。

拥有创造性心智的人在任何游戏规则下都能审时度势地找到弹性空间活出自己，成为人生赢家，却也只能把自己活成达人，并不能带领团队，整合更多的力量取得更大的成就。作为玩家游刃有余，却不具备做庄家的能力。创造性心智的人只是现有系统中的优秀玩家，却未必处在系统的核心位置，成为系统的主导者。倘若优秀玩家要成为系统的主导者，走进系统的核心，就要发展**整合性心智**。如果说创造性心智者追求的是成为现有游戏规则下的赢家，那么整合性心智者则要成为游戏规则的制定者，追求的是搭建一个让所有玩家都能各尽其能、各得其所的平台。任何社会系统都需要目标愿景，要成为一个系统的核心或主导者，必须有远见卓识，能够提出团结各方力量参与其中的宏大变革目标（MTP）。萨利姆·伊斯梅尔在他的《指数型组织》中提出："强有力的MTP能成为吸引人才的广告，更是留住尖端人才的磁石。"愿力不仅能让自己聚焦全部能量，全力以赴地奔赴目标，更能吸引和团结更多的精英人士向共同的愿景迈进，实为整合资源和能量的引擎。

处在主导位置的领导者在自己的系统中很有影响力，却也不能为所欲为。为什么？系统外还有更大的系统。小系统是更大系统的成员，受更大系统的辖制。若干个小系统共同组成大系统，大系统又是更大系统的成员，就像月亮从属于地月系，地月系又从属于太阳系，太阳系又从属于银河系，银河系又从属于宇宙……系统总是小无其内，大无其外地层层嵌套。用宏观的视角看，万物没有分别，同属宇宙系统，就像庄子在齐物论中所言："天地与我并生，而万物与我为一。"人们所感受到自己与外界的分别其实是意识的错觉。回到生活中看，每个人又同时分属多个社会系统。某人在单位是领导，回到家里又是儿子、丈夫，在课堂上又是同学等，每一个社会角色背后都有一个系统。不难发现，人处在不同的系统，扮演不同的角色，其内在的能量状态也不一样。可能在一个系统中很滋养，却在另一个系统又很消耗。个体在滋养的系统里充电，在消耗的系统中放电。最佳的充电方式是把自己的意识完全瓦解，溶解到更大的系统内，达到庄子所说的"堕肢体，黜聪明，离形去知，同于大通"的坐忘状态。该状态就是中国古人所推崇的天人合一状态，处在这个状态的心智就是**合一性心智**。

唯我性心智、反应性心智、创造性心智、整合性心智、合一性心智，是一个人自我发展的台阶。在现实中，大约有85%的人的心智都局限在唯我性心智和反应性心智，能达到创造性心智以上的人并不很多。心智升级的过程就是自我学习成长的过程。我们在这个过程中可以看到自我的五大网络和社会环境的互动过程。从社会环境中获得的无论是好的反馈还是坏的反馈，都在激起我们的反思，通过反思就可以不断更新我们的五大网络。孔子能够"从心所欲不逾矩"，很显然是他在和社会环境的互动中把自己的五大网络的算法迭代了一遍、数据重构了一遍，最终达到了和外环境的完美匹配，于是就"合一"了。

总而言之，自我是一个动态概念。首先，我们每个人都是我们过去的总和，过去的各种各样的经历经验造就了我们的现在。所以看一个人不要只看他干了什么，而是要考察他过去经历了什么，他过去的经历塑造他成为现在的自我。其次，我们每个人还有未来。志向决定着我们未来的方向。一个人的能量总是被过去能量和未来能量所瓜分，当一个人的志向远大时，过去就没那么重要；但当一个人毫无志向时，他就只能活在过去之中。当下的自我就是过去的我们经历的总和和未来我们想成为的理想人格相交织的我们。在时间维度上，可以把自我分为过去、当下和未来。

认知系统与格局突围

爱因斯坦说，人不过是受时空限制的一块物质，人总觉得自己的思想和感受与世界其他部分是割裂的，其实是意识的一种错觉。这种错觉是束缚我们的牢笼，将我们的欲求和情感限制在少数一些和我们亲近的人当中。我们必须将自己从这个牢笼中解放出来，拓宽我们的胸怀，去拥抱所有生灵和整个世界的美，这是我们的使命。认知突围的本质是突破自己意识限制。这就需要发展自我觉察能力。有位企业家曾问我："田老师，您说'一日三省吾身'是古人的道德追求，还是有切实可行的方法？人很容易迷在自己的角色和情境里，所以我怀疑人能否做到真正的自我反省。"我略加思索后回答："自我反应的前提是自我解构，至少要把自我分裂成两部分：一个躬身入局的我和一个旁观的我。不能解构就不能觉察，不能觉察就不能提高。"自我觉察是修身的基本功。修身的核心任务就是突破自我束缚，不断提升自己的境界。要提升自己的境界，首先要提高觉察力，有效的反思建立在内在有效的觉察之上。我在实践中发展出用多个系统视角审视自己的策略，即凡事要从自系统、他系统、共系统、大系统、时空系统至少五个系统审视，才能真正突破自我束缚，提升认知格局。

■ 自系统：真正重要的是什么

很多时候，我们与别人剑拔弩张、势不两立相抗争的事情其实并没有那么重要，大多都是堵上了气而忘了初心，甚至是被惹急了只想着打击别人出气，却忘记这样做耽误了自己的正事。给我们造成很大麻烦的通常是我们自己并不了解自己，并不了解什么才是对自己真正重要的事情。乔布斯经常用一个思想实验来辨识本末，他问自己："假如生命只剩下最后一天，我真正该做些什么呢？"他的方法对大多数人有效，可以作为紧急时刻自我教练的咒语。如此智慧的乔布斯，到临终前还感叹道："在病床上，我频繁地回忆起我自己的一生，发现曾经让我感到无限得意的所有社会名誉和财富，在即将到来的死亡面前已全部变得黯淡无光，毫无意义了。"

"真正重要的是什么"对很多人而言是很难回答的问题。把青春年华兑换成财富的增长还是灵魂的升华，是一道艰难的选择题。因为自系统也分为内在狗熊、内在凡夫、内在圣人三部分，这三部分经常因意见不统一而纠结，而恍惚的心智都是不开心的心智。个体内在的不和谐很容易把战火转移到外部。纠结的时候就是启动内在工程的时候，就是自我教练的时候。而修身总体方向是给自己的内在圣人更多的话语权，接纳凡夫的庸俗的同时努力迈向高尚，对狗熊的诉求要有限满足但决不放纵。可以肯定的是，找到毕生大愿的人更容易积极淡定地向愿而行，更容易排除干扰，活出自己。

■ 他系统：通过别人的眼睛看世界

意识的局限使得人们考虑问题时常常局限在自己的角度。庄子在《齐物论》中写道："物无非彼，物无非是。自彼则不见，自知则知之。"事物有对立总会分彼此，仅仅从彼的角度则看不见此，因为"彼亦一是非，此亦一是非"。只有观人之心，也观己之心，才能洞察全面。"夫子之道，忠恕而已。"忠就是忠于内心，恕就要换位思考。换位思考是人们常常挂在嘴上，却做得最不够的一个概念。试问：在冲突的当下，在利益攸关的局面里，有几个人能真正做到换位思考？要把换位思考变成一种思维习惯则需要长时间的强化训练。

能感受到痛苦，只能说明你还活着。能感受到别人的痛苦，才能证明你是人。走进对方的系统，感受对方的处境，用对方的眼睛看问题，我们才有机会冲出自己意识的束缚，觉察事情的真相，做出合理的决策。斯蒂芬·柯维晚年在他的《第三选择》中明确主张看见别人才能获得"发言权杖"，只有看清双方的诉求才可能激活双方的智慧和创造力，共同创造性地构建第三选择。

■ 共系统：组织利益为重

关系只是一种联系，联系背后必有系统。同事关系背后的系统就是组织，亲密关系背后的系统就是家庭。我把关系背后的系统称为共系统。个体要进行认知突围，仅仅看见自系统和他系统是不够的，更要兼顾共系统的目标和利益。有位销售副总裁在公司非常霸道，大家对他的评价却是"蛮横但很讲理"，他的处事原则是永远为客户着想，永远以组织利益为重。所以总能掌握主动。一个人无论头衔和级别有多高，如果只聚焦于努力，并强调自己对下属的权威，那么他只不过是个下属而已。相反，一个人无论资历有多浅，如果聚焦于贡献，并对成果负责，那么他可以称得上是"最高管理层"，因为他要求自己对组织的整体绩效负责。

■ 大系统：顺应大势，把握机会

格局再大一点的人，就会发现关系背后的共系统也不过是更大系统的子系统而已，家庭和企业都是社会的细胞，能穿透自己所在的小系统看到更大系统的诉求，才能顺应大势，把握机会。你所在的小系统属于更大系统的子系统，对更大系统而言，不过是实现其目标的工具。组织要基业长青，要清楚自己在社会大系统中扮演什么角色，创造什么独特价值，给社会和人类能带来什么改变。因为社会总是动态变化的，所以在动态变化的社会大系统中找到自己的位置、独特价值与贡献就变成动态持续的功课，这就是企业的战略管理。个人更要把握系统的趋势，在互联网时代的今天，**最大的风险是，世界已经不是过去的世界，而你还是过去的你。**

《道德经》中说："贵以身为天下，若可寄天下；爱以身为天下，若可托天下。"一个人能够把天下看得比自己的命还贵重，才可寄以天下重任；像珍爱生命一样珍爱天下的人，才可以将天下托付于他。

■ 时空系统：拉长镜头看当下

格局可以理解为内心所装的时空，不仅要从更大的系统审视问题，还要能够用足够长远的视角看问题。我遇到的问题，历史上是否有类似的案例借鉴？一个人能看到多远的过去，就能看到多远的未来。同样，今天的决策对未来会有什么影响？也是要思考的。

"不谋万世者，不足谋一时；不谋全局者，不足谋一域。"如果一个人总是愿意为自己想要的未来投入一点时间和精力，其前途一定可期。如果只顾享受当下，甚至透支未来，一定晚景凄凉。

■ 格局不同，想法迥异

某企业去年处于亏损状态。年终总结的时候，有高管抱怨说："辛辛苦苦折腾了一年，结果却是亏损三千万。就算全员躺平也不过亏损三千万。"董事长反驳说："我不这么看，反映到我们财务报表上的结果是亏损三千万，似乎与全员躺平效果是一样的。但对我们的客户、供应商、产业生态及社会的意义是不一样的。对每个员工的成长以及组织能力的提升，意义也是不一样的。假如躺平一年，来年客户没了、供应商没了，员工没了士气和能力，即使商业环境好转，我们也难以应对。"

有同学上高中时非常喜欢数理化，导致严重偏科。我问他原因，他说："那些课没意思，老师也讲得不好。"我说："这是从你自己的角度看的问题，如果从老师的角度看就不是这样的。假如另一个同学数理化跟你一样优秀，甚至比你差一点，而其他课的成绩比你好很多，谁更可能被录取？再从未来的角度看，任何人都不可能只做自己感兴趣的事情，不感兴趣却关系重大的事情也要想办法做到不拖后腿，这才是生存之道。阿尔伯特·格雷花了毕生之力探索成功者的决定性因素，最后发现成功者最显著的特征是：他们习惯去做失败者不爱去做的事情。很多事情大家都不喜欢去做，但成功者总能够让自己的不喜欢服从于自己的远期目标。"听罢该同学陷入沉思。

重塑自己的五大功课

修身的过程就是与己对话的过程，在时间上通过与己对话的方式整合自己的过去、现在和未来，在空间上通过与己对话的方式整合自己的动物性、社会性和精神性。我总结了修身的五门功课，分别是"修、养、觉、志、传"。"修"，就是改掉自己身上与社会、系统格格不入的毛病，让自己越来越能够适应社会；"养"，就是保持和发扬自己身上被社会、系统所认同的那些积极高尚的一面；"觉"，就是能够用旁观者的视角在自己与人、事、物、梦、己互动的过程中保持觉察；"志"，就是发展和拥有向未来发展的志向；"传"，就是把自己在时间、空间中的发展整合成自传。这五门功课都需要五大网络协同进化，都会经历在打破原来的平衡之后再学习、再建立新的平衡的循环过程。

下面结合我自身的经历，谈谈我的修、养、觉、志、传是怎么修的。

■ "传"：和过去的自己对话

"传"，是和过去的自己对话，是对过去经历的重塑，重新改版我们的故事。我们终其一生都为我们的经历赋予新的意义。和过去的自己对话，本质是用今天的心智算法重新审视过去的经验数据。把凌乱的人生经历码放整齐，赋予新意义的过程其实就是重塑自我形象的过程。过去的"我是谁"会很大程度上影响未来的"我要成为谁"。

我的职业生涯是从一线做业务开始的，后来做到企业大学的校长，经过多年对教育学、心理学的深入研究之后，我才有资格立下一个大愿——"活着是为了淡定地改变中国教育"。现在回想我过往的每一段经历，正如乔布斯说的，每一段经历都是有意义的，好像冥冥中有一股更大的力量在安排我要走这些路、要做这些积累，要让我从业务转向培训、转向学习，最后走到对人性深入的洞察，使我逐渐羽翼丰满。所以我每每回想过去，即便是多年以前有机会到大企业一直待下去，固然有可能让我挣到更多的钱，但绝不可能把我塑造成为今天的我自己。在企业做培训的职位给了我一个做学术的环境，给了我一个创新教学的试验田，给我提供经费，给我配备团队，特别是给了我一个可以安心读书、让自己愈加专业的书桌。今天的我自己就是独此一份，而且难以复制。刚刚过去的春节，我有盘点我创业六七年的经历，尤其是《非凡心力》和《重塑关系》出版之后，我觉得自己还可以有更大的作为，于是把大愿刷新为"活着是为了帮更多人觉醒"。其实我们一直在潜意识的后台盘点自己过去的经历，为过去的经历赋予意义。我们对自己的过去赋予什么样的意义，就会有什么样的自我形象，过去的经历实实在在地塑造着我们的人格。

有人觉得自己过去的经历不堪回首。我在《重塑关系》中有一节标题是：**你拥有自传的剪辑权**。人生不如意者十之八九，所以要常想一二。记忆深处的温情时刻是幸福的酵母，经常唤醒幸福时刻的人更容易得到幸福。再不幸的童年，也总会有点温情碎片吧，把有限的温情碎片组合成印象童年，它就是你独有的心理资本和精神财富。即便童年遭受创伤，也可以通过赋予积极意义将其剪辑为励志故事。总之，要力争让过去的经历成为自己创造更好未来的滋养。

■ "志"：和未来的自己对话

"传"是盘点过去的自我，"志"是面向未来的自我。在过去塑造的人格之上，我才在辞职创业之后提出了"活着是为了淡定地改变中国教育"的人生大愿。这个志向在很多人看来都是一种不自量力，而实际上，我也确实认为改变中国教育没那么容易，但是我立这样一个志向的目的，只是公开宣布我愿意把我余生的能量倾注到这个方向上去，能够让我全力以赴地为这个志向而努力。当一个人愿意把更多的能量倾注到未来时，过去就显得不那么重要了。尤其是过去活得很糟的人，就更需要有一个大愿去引领自己未来的能量投注，把过去先放一放，等未来有了心力之后再慢慢疗愈。我经常说，**没有大愿的疗愈都是伪疗愈**。大愿最大的作用就是聚焦一个人的能量，让人持续走在"朝圣"的路上。大愿能否实现还在其次，重要的是一定要走在"朝圣"的路上，这就能让人的内在感觉到幸福了。

"志"，是和未来的自己对话，是规划自己的未来。人生志向也是不断迭代的，不同的人生阶段就可能会有不同的人生志向，但是不管在什么阶段，我们都的确需要一个志向。比如，我很多的学生都把成为专家型导师作为自己的志向，这种志向就能够让他们不把能量耗费在那些感性的烦恼上，而是持续地把高级机能精准定投到大愿上。如果没有诗与远方，人可能就会迷失在当下的苟且中。

■ "修"和"养"：祛邪扶正的功夫

中医有祛邪扶正的说法。扶正即扶助正气，增强体质，提高机体抵抗力及康复能力；祛邪即消解病邪的侵袭和损害，抑制亢奋的病理反应。治疗虚症，多采用"虚则补之"的扶正策略；治疗实症，则采用"实则泻之"的祛邪策略。把维持身体健康的中医策略借用到修身上也极为恰当。

"修"和"养"是一正一反。"修"是和不好的自己对话，"养"是和好的自己对话。"修"是发现和发掘自己的缺点，只有先看见，才能进一步改；"养"是看到自己高尚的、积极的特质，并对这些特质不断进行自我加持，正如孟子所说"吾善养吾浩然之气"。通过与人对话、与书对话、与事对话和与众对话，都能够让我们认识到自己低效消极的一面和高尚积极的一面。

修养也分层面，习性、心智、心性层面的修养功课各不相同。习性对应的是反应系统，心智对应的是认知系统，心性则对应的是自我系统，每个层级都要"淘换"，不断地用高效能的方式替代低效能的方式，用丝滑舒服的方式替代野蛮粗鲁的方式，用高雅的方式替代流俗的方式。点滴的改变都要通过前文所讲的"觉察、重构、练习、固化"四大过程。

■ "觉"：保持清醒的方法

"觉"在修、养，志、传这两个维度中间，就是觉察。没有觉察就没有学习，人之所以能够学习，是能用第三方视角看自己。没有觉察就找不到"养"什么，也找不到"修"什么；没有觉察就懵懵懂懂地活在过去，也会迷迷茫茫地走向未来。觉察在不断地调配修、养、传、志这四股力量，不断地在看自己的修、养、传、志是否配称。

觉察是改变的开始。没有觉察，一个人就会在潜意识中重复，过去的事情藏在潜意识里不时地跳出来影响你当下的决策，可是你却不自知。有了觉察，就有能力观察是哪些过去在影响现在的自己。潜意识放不下的那些事一旦显现出来，就能用更高版本的处理方式重新建构。所有的过去，都能通过觉察转化成为成长的资源，它们都是宝贵的人生"礼物"。有了觉察，就有能力把自己当下的表现和想要的目标进行对照，把表现中的自己和理想中的自己进行对照，找到了差距，才能走向改变。

这就是修、养、志、传、觉五个自我对话的模型。与己对话是学习的最后一百米。与己对话离不开两个认知，一个是对当下自我的认知；一个是对理想自我的认知，也就是要成为谁。与己对话就是理想的自我和当下的自我之间的不断交叉类比。

不管是修，还是养、觉、志、传，都会涉及我们内在五大网络系统的持续迭代，持续地打乱过去的平衡，建立新的平衡，这个过程中最重要的方式就是自我对话，从而不断建立信心。外界给我们什么样的刺激并不重要，重要的是我们怎样解读这些刺激，怎样运用这些刺激来反思自己五大网络的成熟度，怎样运用这些刺激去迭代我们的五大网络。所以无论是修，还是养、觉、志、传，其实它的形成过程中都伴随着五大网络的协同作用和相互影响，所以我们还是要回到我们的学习力的五大网络本身去领悟这五大功课。

在挫折与批判中学习

挫折和批判在我们的生命中在所难免，没有人会"毫发无损"地走到现在。从本质上讲，学习是反人性的，因为学习意味着改变，而人的惯性是抗拒改变的。有谚语说，只有尿湿裤子的小孩希望改变。遇到批判和挫折，多数人都会本能地启动防御程序，快速进入情绪状态，激活"战斗—逃跑"模式。遭遇挫折，逃避是本能，直面是修行；遭遇批判，反驳是本能，觉察才是学习。

■ 对挫折和批判的棱镜分解

挫折和批判其实都有双重属性，一是它有伤害你的可能，二是它也有可能成为你学习的原料。凡学习高手都能够做到在挫折和批判中学习。能在挫折和批判中学习的人是人群中的绝对少数。有多少人能在面对挫折和批判时还能"吸收"，依然能够打开自己的感知网络，然后能做出不一样的解读并进而升级自己的五大网络呢？如果说在挫折和批判中学习是一种元程序的话，那么这个元程序的提升应该有极高的优先级。能够在挫折和批判中吸收，滋养自己，能够把挫折和批判当成学习的机会，这才厉害。挫折和批判本身就是一种包装后的反馈，只不过这个反馈与我们的预设不同，这恰恰是我们应该去反思与学习的。如果你不能意识到挫折和批判是一种包装丑陋的礼物，那你就会和这个反馈较劲，那你就会失去一次珍贵的学习机会。这也是普通人和学习高手的分水岭，一般人和成功人士的分水岭。

面对挫折和批判，我们最经常犯的错误就是玉石俱焚。挫折和批判里面既有伤害我们的成分，也有可以学习的成分，可是我们常常不去分辨或不会分辨。只有对挫折和批判进行棱镜分解，才有可能把石头堆里的美玉淘出来，把肉从骨头里剔出来，然后才有可能将其变成滋养。

挫折和批判的背后，尤其是批判背后的成分比较复杂，你要有分解的意识，它背后可能有攻击、迁怒、嫉妒、期待、建议、关爱等各种情结。我在课上讲：**所有高浓度的情绪都不单纯，其中总是交织着欲望和爱**。遭遇批判时，要有足够的智慧去分解其中的不同成分，把攻击、迁怒、嫉妒等负面成分过滤出去，收下期待、建议、关爱等有益成分。比如，领导对你的批评中有一部分是因为他自己缺乏安全感所致，也有可能是他受到上级的苛责而迁怒于你，还有可能是他对你才华的嫉妒。当然，批判背后也有期待成分，一方面他的价值期待被你看见，通过批评的方式来寻找存在感；另一方面，他期待你改进做法，把事情做得更好，甚至有一些恨铁不成钢的伤感。

如果你能够对批判背后的情绪做出分解，就能够做到不推不揽，是你的功课你不外推给别人，是别人的功课你也不揽到自己身上，谁的功课谁做。这样，你就能够把批判中那些不健康的成分去掉，留下健康的成分供自己学习。批判里一定有营养成分和伤害成分，只有学会棱镜分解，我们才有可能在批判中学习。有一句话说：你的指责和我的辩解其实都不是真相，你越强烈的指责和我越激烈的辩解都会使我们两个离真相越来越远。

对于挫折同样如此，也要善于做棱镜分解。一件事情表面上看是受阻了，面临很大的挫折，但挫折里面也仍然包含了不同的成分，需要你去分辨。这个挫折里有没有教训的成分？也许做这件事的过程中有不合于道的东西，这就是需要我们从中吸取的，只有吸取教训才有可能"不贰过"。这个挫折里有没有限制性信念的成分？也许事情本身并没有那么严重，只是我们自己的感受不太好，误认为它是一种很大的挫折。还有，虽然有的事情失败了，但是事情的过程并非一无是处，还是有很多的创新亮点，不能因为结果的失败而把这些创新亮点统统抹杀掉，这部分也是值得吸取出来的宝贵经验和财富，失败是成功之母就是这个道理。还有，如果你在某一类事情上屡屡遭受挫折，你也许可以通过交叉类比觉察到自己的一种低效能、低版本的心智模式。

某学生分享了他的真实故事：上大学时，有人把他的女朋友抢走了，并且还伺机打他。这个很大的挫折驱使他练习武术，后来竟荣获全省武术冠军。工作后他在一个企业当高管，最信任的下属却背叛他投奔竞争对手，挖走他大量的业务，导致他遭遇职场滑铁卢。他没有记恨那个背叛他的人，匪夷所思地选择了宽容，自己主动离职选择从零开始创业，几年后自己的业务做得风生水起。在我的引导下，他深刻复盘了他的两大挫折事件后，惊奇地发现他身上自带把坏事变好事的潜能。再深挖下去，原来是他继承了母系家族决不认输、勇于拼搏的"天行健"精神，又继承了父系家族的慈悲为怀、宽厚待人的"地势坤"精神，在潜意识层面他把这两股能量整合得很好。把优秀潜意识模式显性化的结果大大提升了他的自信。

如果把对批判和挫折的棱镜分解方法总结成一句话，就是我们经常说的：**不推不揽，不将不迎**。不推不揽，是我的我不推，是你的我也不揽；不将不迎，我不命令你，也不迎合你。

■ 如何在挫折和批判中学习

状态是决定你能否把挫折和批判当成反馈的重要源头。处在学习态，批判也是反馈，不在学习态，反馈也会被解读成批判。实际上，生活中发生的一切事情都可以理解为是中性的，**你没有消化它的酶，它就是挫折和批判；你有消化它的酶，它就是资源和滋养**。如果你不具备消化它的酶，那么你的感知网络就会处在半屏蔽状态，就很难启动 ACCP 学习循环的第一步——"吸收"，就更谈不到吸收后把它转化成滋养。挫折是成长的机会，批判是成长的基石，碰到挫折或批判的时候，关键在于解读的角度，而这个解读的角度是积极的，还是消极的，取决于我们的联想网络。如果状态对了，你真的能冷静下来去反思，就会发现，不管是挫折还是批判，里面都包装着两个礼物：第一个，是积极的、有效的反馈成分。这世界上没有百分之百的对，也没有百分之百的错，即便 99% 的错在对方，那也还有 1% 的错是你的错，那你愿不愿意挖出这 1%，愿不愿意就这 1% 进行反思呢？如果你愿意，这 1% 的部分就会成为对于你的学习有效的反馈成分。学习力强的人，就有这个感知能力，吸收别人很难吸收的那些成分。第二个，是在遇到挫折和批判时的情绪反应。凡是这种无意识、自动化的情绪反应，绝大多数都和一个人的原生家庭、童年经历、创伤记忆相关，都值得你去追溯它形成的根源，去疗愈小时候缺爱的自己，然后把这种低效能、低版本的反应模式升级为更高效能、高版本的反应模式。

遇到挫折和批判时，你的情绪反应越激烈，越说明隐藏在你潜意识层面的那些没有和解的事物曾经"扎"得你有多狠。它们隐藏在潜意识层面，特点就是"不思量，自难忘"，时间并没有消除掉它们，它们一直在你的内心里隐隐作痛。如果你不能有意识地发掘和疗愈它们，它们就一直会是你的一份常驻内存，甚至成为你大脑中的病毒，一直在额外消耗着你的一部分能量。

欧文·亚隆是一位全球顶级的心理治疗大师，但是在他80多岁的时候，他发现自己仍然没有和他已故的妈妈和解。因为在他小时候，妈妈一直在用批评的方式教育他，让他感觉妈妈永远看不上他，所以长大后的他，做的很多努力其实最根本的都是渴望让妈妈看见，都是渴望得到妈妈的肯定。他很早就发现了自己的这一个卡点，甚至专门写了一本书叫《妈妈及生命的意义》来帮助自己疗愈。

由此可见，这些东西一直都在潜意识层面，直到有一天你能够回过头来积极地面对它们，打开它们丑陋的包装，发现内里的礼物。

我早年在职场的时候，经历过一段被下属出卖的经历，而且我在很多事情上都蛮照顾他的，他却反过来在背后捅了我一刀。这件事我过了很多年都放不下。但是后来我发现，这件事绝对是上天送给我的礼物，它用一种很特别的方式告诉我了一个道理：在任何位置上都要秉公行事，偏袒不一定会换来感恩，反而极可能造成多方面的伤害，偏袒不但破坏了对大多数人的公平，也剥夺了被偏袒方努力上进的机会。当我从这段经历中领悟到这一个道理以后，我就觉得这是一次深层次的学习。如果我没有经历过这样的伤害，那我可能一辈子都没有机会领悟这个智慧，一辈子都没有机会体悟到人性中的那些劣根性，更没有机会把自己修得更好。因此，我就把这个伤害一点一点地放下了。

学习本质上都是反人性的。你只有能够在逆人性的这些遭遇中把它们当成资源和滋养，把那些潜意识层面的伤害、挫败、低版本反应模式，用反刍的方式慢慢咀嚼、慢慢消化，释放潜意识层面被批判和挫折所占据的那一部分放不下的内存，才能够获得更深层次的智慧，从而更好地迭代和升级自己。

学习力跃迁其实指的是学习范式的跃迁。对人的基本假设，会影响我们的学习和教育行为。也就是说，我们怎么样理解人，就会怎么样理解人的学习和教育，然后就会怎么样支配和指导自己的学习和教育。

回顾历史，一百多年前对人的假设是人和动物没什么区别，所以那时候崇尚的教育范式就是行为主义。行为主义的教育方法，就是"刺激—反应理论"。把人当成动物训练，给你一个刺激，反应对了就给糖吃，反应不对就棒打。行为主义的代表人物华生对这种方法非常自信，他说："如果你给我一批刚出生的孩子，你要律师我就能用这种方法把这群孩子培养成律师，你要教师我就能用这种方法把这群孩子培养成教师，你要工程师我就能用这种方法把孩子培养成工程师。"这种方式对人的理解非常狭隘，对人的教育也非常野蛮。

1957 年诞生了认知主义。认知主义对人的假设有了进步，不再认为人和动物一样，而是认为人有主观能动性，人对信息的收集、处理、加工、反应有自己的模式，所以认知心理学又叫信息加工心理学，也就是把人假设成一个单机计算机。比如罗姆索斯基的理论就认为人由感知器、存储器、处理器和效应器构成，这完全是用计算机隐喻人。因此有了认知主义的教学策略，有了一系列新的教学主张。实际上，我们现在对自然人的学习，基本上还沿用认知主义的做法。

最近 20 年，人工智能有了长足发展。所谓的人工智能，其实是一个分布式的多机协同网络。比如，智能机器人的每一个器官都是一个单独的计算机系统，通过中央处理器把这些分布式的、各司其职的计算机系统整合起来成为一个智能机器人。它的每一部分都自带学习能力，工作对它们来讲就是在积累数据，数据积累到一定程度之后又通过深化学习迭代升级算法，于是工作即是学习。所以，人工智能的学习方式，一方面通过不断重复提高反应效率和积累海量数据；另一方面又在数据基础上不断优化它们的算法。这才使得人工智能对自然人形成了很大的威胁。

《未来简史》的作者、以色列历史学家尤瓦尔·赫拉利讲，未来的人会分为神人、凡人和无用之人。自然人的学习范式基本上还是认知主义的范式，但人工智能的学习范式已经跃迁到这种分布式多机网络协同学习，每一个部分都能学习，又在中央处理器的基础上不断地提升协同能力。人工智能已经升级到这个程度，自然人的学习就必须进行一次范式跃迁。

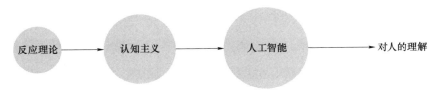

　　本书提出了一个理论假设，每一个人的大脑其实也是一个分布式协同作战的多机系统的网络，我们大脑里的每一个网络都天然具备学习能力，而学习能力其实一直在我们的潜意识地层面自动进行。如果你能够利用你大脑的高级机能，利用大脑内存主动去探索这些子网络的元程序、算法和反应模式，把潜意识学习显化成有意识的学习，又能够有意识地运用这些结果，主动去更新各个子网的元程序，那么人类的学习也能跃迁成人工智能一样的学习范式。而这个学习范式，必将是 21 世纪人类学习的主范式。这个理念是我率先提出来的。

　　正因为意识到将要有这样一个学习范式的革命，我才拓展出这么多内容，包括大脑的五大网络分别都有哪些元程序，分别是怎么样学习的，这些元程序怎么样去迭代，还包括学习力加速的 ACCP 循环模型这样的学习模型。在这本书中，我还把学习过程分解成两个维度：一个维度，是个体间学习和个体内学习，学习是长时间适应环境的产物，个体间代表和环境的交互，个体内代表自己的反思、建构和创造；另一个维度，是意识主导的学习和潜意识主导的学习，大脑的每个子网络构成的是潜意识，对整个网络的协同和网络的有意识觉察就构成了意识。意识学习和潜意识学习，个体间学习和个体内的学习，两个维度一交叉就形成一个立体的架构。在这个架构下，我们通过与书对话、与人对话、与事对话、与众对话，以及与己对话，来带动五大网络的协同工作，并在协同工作的同时不断优化我们五大网络的算法。

　　新的学习范式的跃迁会大大拓宽学习的广度和深度，这比把认知脑的学习当成学习的全部来讲升级幅度很大。这个学习范式的升级，其实在努力解决的问题就是自然人被人工智能淘汰的潜在危险和可能。

那么，我们大脑的五大网络里最需要提升的能力有哪些呢？

第一，提升感知网络。感知网络中急需提升的是感知能力。不能只看到事情的表象，而要能够透过表象看到本质，尤其是要训练直通本质的直觉。比如读人，就不能只看到人的意识层面，更要看到人的潜意识层面的状态；不能只看到人的当下，还要透过人的表现，推知他经历了什么样的过去；也不能只把人当成个体来看，还要能够通过他的表现推知他所在的社会系统，把人放在系统框架里审视。实际上这就是提升 ACCP 循环模型中"吸收（A）"的能力，就是提升从外界吸收信息的能力，修炼洞察力。

第二，提升联想网络。联想网络里最需要的是用积极的联想替代消极的联想。也就是当刺激来了以后，最大限度地调动积极的联想去思考可能性，不是仅看到事情的危害，被现状困住，而是用积极的心态探索有什么可能，重点关注"我拥有什么"，而不是关注"我失去了什么"。对待任何事情，我们总是有弹性的选择空间的。"焦点即原因，联想即论据"，不断激活积极的素材，人生就会活得越来越积极。

第三，提升决策网络。决策网络最需要提升的是能够用多模型、多框架加工同一素材。脑海里的模型和框架越多，对素材加工的途径和方法就越多，得出的结论就可能越客观、越公允，做出的决策就可能更科学、更高效。

第四，提升反应网络。一方面，反应网络里要有套路，能调用很多的自动化反应，把自己武装成一个有方法的人。另一方面，要通过大量的刻意练习，让自动化程度越来越高、越来越好，用大量优质的自动化反应替代那些本能的反应。总之是用更高尚、更高效的愉悦回路，替代那些庸俗的、低效能的愉悦回路。

第五，提升学习网络。首先，是提升觉察能力，就是能用一个旁观者的视角看事中的自己。觉察能力还需要能对自己进行棱镜分解，能看清自己。其次，是提升反思能力，就是持续觉察自己各个网络的元程序是不是最优的、是不是最高效的，就是持续觉察潜意识层面积累的数据有没有可能支持算法再升级。只有用元认知带动元程序升级，我们才能够变得越来越好。元认知包括事先制定策略、事中检测状态、事后反思升级的能力，这些都可以通过学习网络的不断升级来深化。

五大网络提升空间及刻意练习

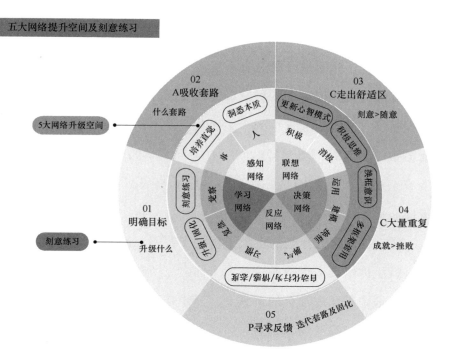

不知道这些理论，我们的日子也可以继续浑浑噩噩地过，没有觉察的生活也能像那么回事。但是，当我们意识到了这些，就会突然有上半辈子白活了的感觉，甚至会涌出一种"我后半辈子怎么办"的焦虑。必须要说的是，没有必要焦虑，因为焦虑没有意义，焦虑再多也不能把你的前半辈子补回来，焦虑让你的高级机能又在做无用功。我们后面要做的，只需要让我们的高级机能每天恰到好处地发挥就可以了。我有一个"新三省吾身"的技巧，可以帮助每个人每天盘点自己是否走在正确的学习路上。

第一省，你的注意力多大程度上能够自我主宰？人和动物的最大区别是，我们能够根据自己的自由意志去支配我们的注意力。康德说过，自由不是随心所欲，而是自我主宰。那么你每天的注意力有多少是由你的自由意志所支配的？又有多少是不得已而为之的呢？

第二省，你的高级机能是不是每天都得到了充分的激活开发和运用？高级机能是人身上的稀缺资源，如果你能每天把自己的高级机能用扎实了，就对得起这一天。久而久之，十年如一日地积累下来，你就会很了不起。不要觉得时间很有限但要学的还太多，上有千条线，下有一根针，只要恰到好处地把自己的高级机能用好，就可以问心无愧。

第三省，你对社会的贡献是否大于获得？潜能开发有一个检验标志，就是你给社会创造的价值大于你自己所获得的价值。我们得把能量更多地聚焦在对社会的贡献上，梦想是利己的还是利他的，这有着本质的区别。我认为，人活一世必须得有一个大愿，因为一个大愿足以能够鼓励你、激发你的潜能。大愿是为激发潜能而设立的。上天赋予了每一个人几乎可以实现任何梦想的潜能，那为什么不是所有人都能成为伟大人物？原因有二：第一，你敢不敢想，敢不敢有一个大得无边的梦想？苏世民说，做大事和做小事的难度是一样的，两者都会消耗你的时间和精力，所以如果决心做事，就要做大事。愿力的志向一旦立起来，就为开发你的潜能积蓄了势能。第二，你有没有开发潜能的方法？而开发潜能的方法，其实就在这本书里，与其说这本书是在讲如何完成学习力跃迁，还不如说是在讲如何开发潜能。

如果你能每天都做到这"新三省吾身"，就可以非常淡定、毫不焦虑地持续学习。认真走过的人生没有弯路，每一天都活得很好，就会死而无憾。活得很糟糕的人才会惧怕死亡，只要扎扎实实过好每一天，每一天都开发好自己的潜能，你就能无所畏惧。每一天都过得非常充实，每一天都过得有意义，你就能非常淡定。所谓"行乎其所当行，止乎其所不得不止"，如果你能活出这样的状态，就可谓通透。这是我想给你提出的学习愿景。学无止境，积极淡定，向愿而行。

最后我要说的一个关键是，真正能够让你变得不一样的，是你的持续修行，而不是某一刹那的顿悟。读完了这本书，也许你会感觉茅塞顿开，理解了学习的道理。但是，如果理解后你不去实践，你就还是原来的你。王阳明说"知是行之始，行是知之成"，我希望每一位朋友扎扎实实地运用这个学习范式，做好你的功课，刻意练习，一点一点地修炼。人生路漫漫，每个时刻都努力提高一点点，这个积累效应、复利效应就不得了。

我衷心期待每一个人都能够运用本书所学，指导自己的学习。你可以给自己定一个三年期的计划，用三年时间升级自己的学习力，让别人能真真切切感受到你的改变。一旦跃迁进这个轨道中，我有理由相信，你成为某个领域的专家只是时间和积累的问题。学习范式一旦跃迁，每一个人的未来都可期。

这就是学习力跃迁的全部内容，希望你在这里能够增长智慧、知行合一，让你的人生从此与众不同。

参 考 文 献

［1］古德费洛，本吉奥，库维尔.深度学习［M］.赵申剑，黎彧君，符天凡，等译.北京：人民邮电出版社.2017.

［2］谢诺夫斯基.深度学习：智能时代的核心驱动力量［M］.姜悦兵，译.北京：中信出版社.2019.

［3］赫拉利.未来简史［M］.林俊宏，译.北京：中信出版社.2016.

［4］索尔所，麦克林.认知心理学［M］.邵志芳，李林，徐媛，等译.上海：上海人民出版社.2019.

［5］维果茨基.思维与语言［M］.李维，译.北京：北京大学出版社.2010.

［6］黄秀兰.维果茨基心理学思想精要［M］.广州：广东教育出版社.2014.

［7］马扎诺，肯德尔.教育目标的新分类学［M］.高凌飚，吴有昌，苏峻，译.2版.北京：教育科学出版社.2012.

［8］田俊国，原继东.激活课堂［M］.北京：机械工业出版社.2023.

［9］田俊国.非凡心力：5大维度重塑自己［M］.北京：机械工业出版社.2023.

［10］田俊国.卓越关系：5步提升人际连接力［M］.北京：机械工业出版社.2024.

［11］库伯.体验学习：如何让体验驱动学习与发展［M］.伍新春，季娇，郑秋，等译.北京：人民邮电出版社.2023.

［12］野中郁次郎，绀野登.创造知识的方法论［M］.马奈，译.北京：人民邮电出版社.2019.

［13］蒙洛迪诺.潜意识：控制你行为的秘密［M］.赵崧惠，译.北京：中国青年出版社.2022.

［14］艾利克森，普尔.刻意练习：如何从新手到大师［M］.王正林，译.北京：机械工业出版社.2021.

［15］艾德勒，范多伦.如何阅读一本书［M］.郝明义，朱衣，译.北京：商务印书馆.2004.

［16］科特勒.跨越不可能：如何完成高且有难度的目标［M］.李心怡，译.北京：中信出版社.2021.

［17］田俊国.上接战略 下接绩效：组织学习新范式［M］.北京：北京联合出版公司.2020.

［18］亚隆.妈妈及生命的意义［M］.庄安祺，译.北京：机械工业出版社.2017.

［19］布兰思福特.人是如何学习的：大脑、心理、经验及学校［M］.程可拉，孙亚玲，王旭卿，译.上海：华东师范大学出版社.2013.

［20］马雷特.人是如何学习的Ⅱ：学习者、境脉与文化［M］.裴新宁，王美，郑太年，译.上海：华东师范大学出版社.2021.

［21］贝格.领导者的意识进化：迈向复杂世界的心智成长［M］.陈颖坚，译.北京：北京师范大学出版社.2020.

［22］凯根，莱希.心智突围：个体与组织如何打破变革免疫［M］.杨珲，殷天然，译.北京：北京师范大学出版社.2022.